Writer's Soul

Urheberrechtlich geschütztes Material
Alle Rechte am Text liegen bei Juliana Fabula

© 2020 Writer's Soul
Wortschatz - Autorenjournal
Auflage Februar 2020

Umschlag- und Innengestaltung von © Farbenmelodie

Herstellung und Verlag:
BoD – Books on Demand, Norderstedt
ISBN: 978-3-7431-6652-3

Der Text dieses Buches ist das geistige Eigentum
der Autorin und alle Rechte liegen bei ihr.
Einschließlich das, des vollständigen oder
auszugsweisen Nachdrucks in jeglicher Form,
darf ohne schriftliche Genehmigung der Autorin
weder reproduziert oder elektronisch vervielfältigt
oder verbreitet werden.

Kontakt: writerssoul@web.de
www.facebook.de/writerssoul1

Dieses Buch ist für alle TraumbändigerInnen, DrachenjägerInnen, FeenfängerInnen, MärchentänzerInnen, BuchstabenerklimmerInnen und WortkünstlerInnen.

Ein Buch zu schreiben ist mit unglaublich viel Arbeit verunden, Worte die geschrieben, Szenen die überarbeitet werden. Charaktere, die kommen und gehen. Literweise Kaffee und Tee, den man während des Schreibens trinkt und all die vergossenen Tränen und ausgerissenen Haare vom stetigen Haare raufen.

Um Deine Fortschritte, Erfolge und Wörter festzuhalten, ist dieses kleine Buch gedacht!

Freue Dich über jeden Tag, den Du schreibst! Freue Dich über jedes Wort, das du zu Papier gebracht hast! Denn diese Dinge, machen Dein Buch zu dem, was es am Ende sein wird - deine ganz eigene kleine Welt. Deine Geschichte, bestehend aus einer ganzen Vielfalt von Gefühlen.

Ich wünsche Dir viel Spaß beim Schreiben deines Buches!

Jahresübersicht

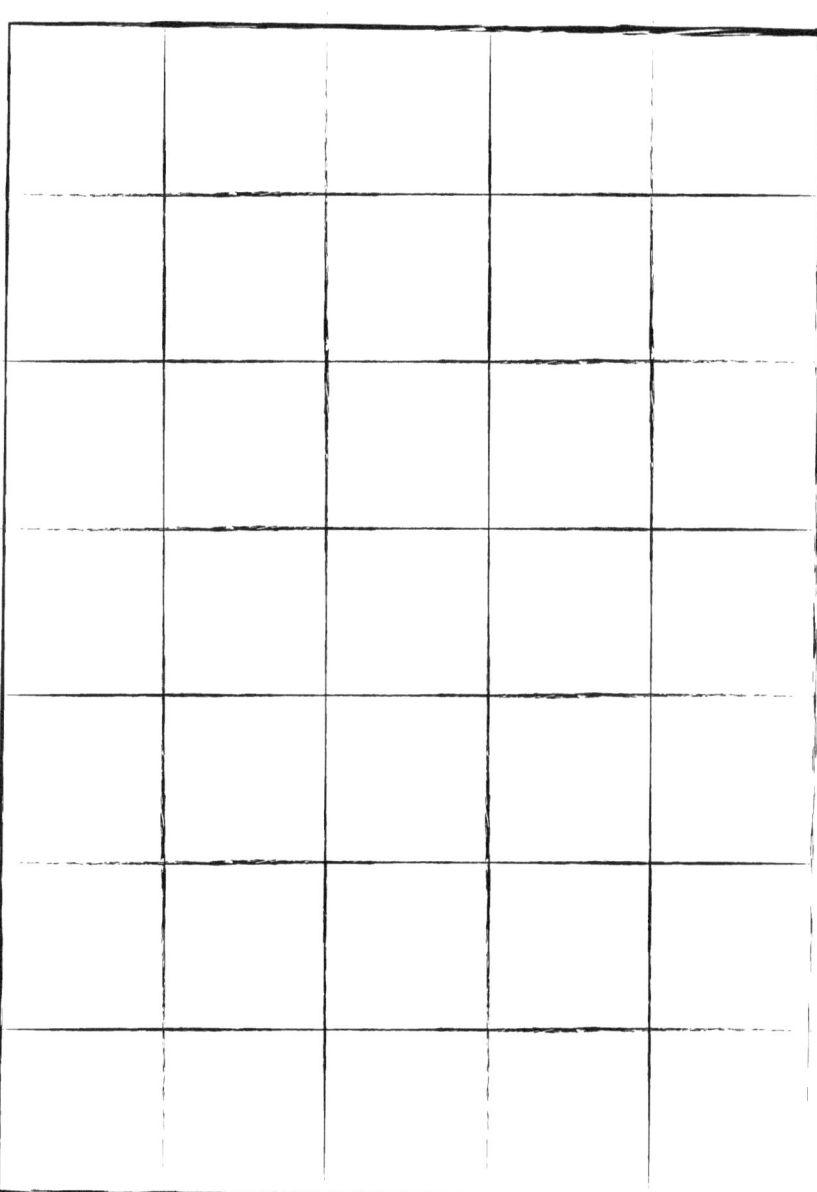

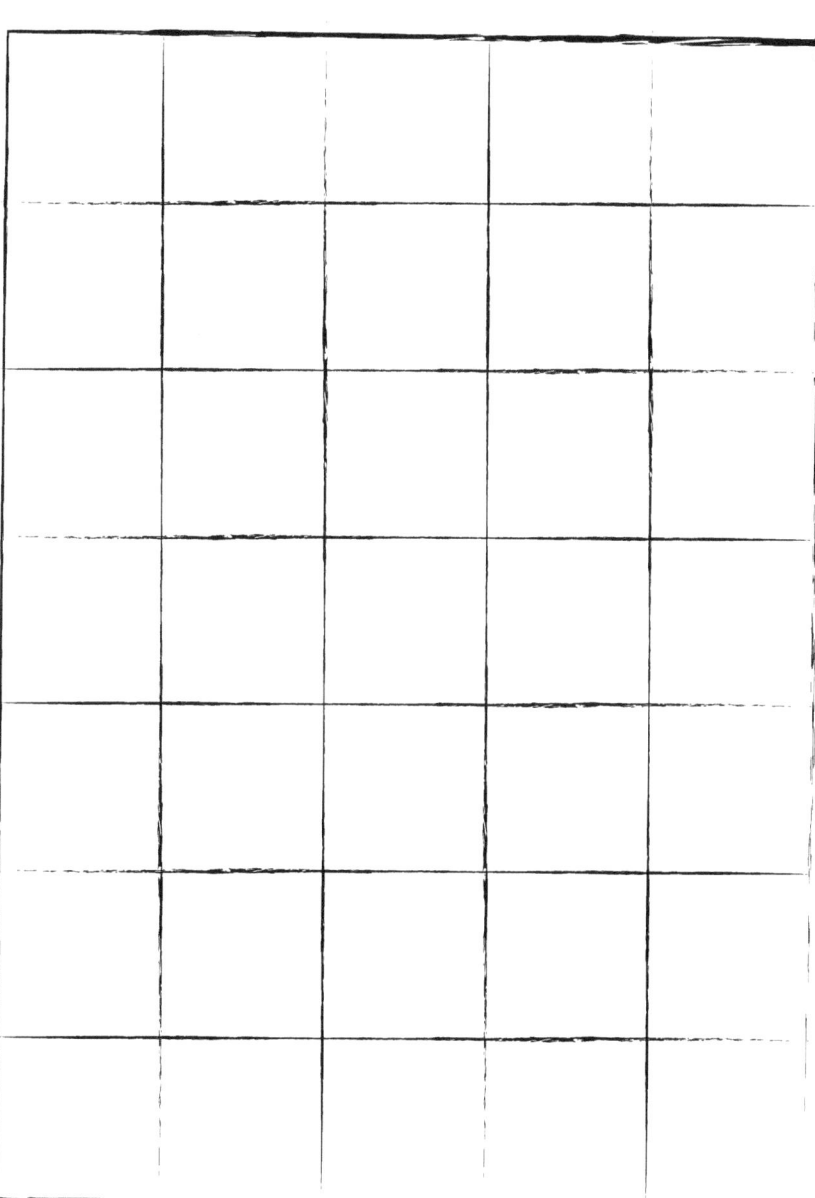

You are a writer:
A SENTENCE-CRAFTING,
PLOT-BUILDING,
CHARACTER-CREATING,
SPELL-CHECKING,
STORY-TELLING,
WORD-REARRANGING,
SUSPENSE-BUILDING,
CHAPTER-FINISHING,
BONA FIDE WRITER AND
WRITERS

WRITE!

(SO NO EXCUSES - START WRITING!)

Kathy R. Jeffords

Es ist schon über alles geschrieben worden, aber noch lange nicht alles.

Peter F. Keller

Mein Schreibziel im *Januar*

Projekt

Deadline

Tägliches Wörterziel

Gesamt Wortziel

Motivations-Monats-Mantra

Wichtige Infos zum *Projekt*?

To-Dos

1. ☐
2. ☐
3. ☐
4. ☐
5. ☐
6. ☐
7. ☐
8. ☐
9. ☐
10. ☐
11. ☐
12. ☐
13. ☐
14. ☐

Tag 1 von 366 Tagen

PROJEKT

GENRE

DEADLINE

GEPLANTE WORTZAHL

GESCHRIEBENE WÖRTER HEUTE

GESCHRIEBENE WÖRTER GESAMT

HÖCHSTES *Tageswortziel* BISHER

Kaffee ☐ | ☐ Tee

WAS WAR DEIN HEUTIGER *Lieblingssatz*?

SPONTAN NEUERFUNDENE CHARAKTERE:

GETÖTETE CHARAKTERE:

ÄNDERUNGEN IN DER GESCHICHTE:

VERZWEIFLUNGSANFÄLLE:

SCHREIBSTIMMUNG:

ÜBERARBEITETE SEITEN:

GRÖSSTER *Erfolg* | GRÖSSTE *Herausforderung*

Motivationskurve

WITZIGSTE RECHERCHEERGEBNISSE

Tag 2 von 366 Tagen

Projekt .... Genre .... Deadline ....

Geplante Wortzahl .... Geschriebene Wörter heute .... Geschriebene Wörter gesamt ....

HÖCHSTES Tageswortziel BISHER [   ]

Kaffee ☐ | ☐ Tee ☕ ☕ ☕ ☕ ☕ ☕ ☕ ☕ ☕

WAS WAR DEIN HEUTIGER Lieblingssatz?

[   ]

Spontan neuerfundene Charaktere: .... Getötete Charaktere: .... Änderungen in der Geschichte: ....

Verzweiflungsanfälle: .... Schreibstimmung: 😊 😄 😍 😌 😠 😐 ○

Überarbeitete Seiten: .... 😱 🤮 😨 😶 😤 😎 ○

GRÖSSTER Erfolg | GRÖSSTE Herausforderung

[   ] Motivationskurve

Witzigste Rechercheergebnisse

Tag 3 von 366 Tagen

PROJEKT	GENRE	DEADLINE

GEPLANTE WORTZAHL	GESCHRIEBENE WÖRTER HEUTE	GESCHRIEBENE WÖRTER GESAMT

HÖCHSTES *Tageswortziel* BISHER

Kaffee ☐ | ☐ Tee

Was war dein heutiger *Lieblingssatz*?

SPONTAN NEUERFUNDENE CHARAKTERE:	GETÖTETE CHARAKTERE:	ÄNDERUNGEN IN DER GESCHICHTE:
VERZWEIFLUNGSANFÄLLE:	SCHREIBSTIMMUNG:	
ÜBERARBEITETE SEITEN:		

GRÖSSTER *Erfolg* | GRÖSSTE *Herausforderung*

Motivationskurve

WITZIGSTE RECHERCHEERGEBNISSE

Tag 4 von 366 Tagen

PROJEKT

GENRE

DEADLINE

GEPLANTE WORTZAHL

GESCHRIEBENE WÖRTER HEUTE

GESCHRIEBENE WÖRTER GESAMT

HÖCHSTES **Tageswortziel** BISHER

Kaffee ☐ | ☐ Tee ☕ ☕ ☕ ☕ ☕ ☕ ☕ ☕

WAS WAR DEIN HEUTIGER *Lieblingssatz*?

Imagination

SPONTAN NEUERFUNDENE CHARAKTERE:

GETÖTETE CHARAKTERE:

ÄNDERUNGEN IN DER GESCHICHTE:

VERZWEIFLUNGSANFÄLLE:

SCHREIBSTIMMUNG: 😐 😊 😍 😖 😠 😶 😨 🫨 😢 ⊙‿⊙ 😤 😎 ◯ ◯ ◯

ÜBERARBEITETE SEITEN:

GRÖSSTER *Erfolg* / GRÖSSTE *Herausforderung*

Motivationskurve

WITZIGSTE RECHERCHEERGEBNISSE

Tag 5 von 366 Tagen

PROJEKT

GENRE

DEADLINE

GEPLANTE WORTZAHL

GESCHRIEBENE WÖRTER HEUTE

GESCHRIEBENE WÖRTER GESAMT

HÖCHSTES **Tageswortziel** BISHER

Kaffee ☐ | ☐ Tee

WAS WAR DEIN HEUTIGER **Lieblingssatz**?

SPONTAN NEUERFUNDENE CHARAKTERE:

GETÖTETE CHARAKTERE:

ÄNDERUNGEN IN DER GESCHICHTE:

VERZWEIFLUNGSANFÄLLE:

SCHREIBSTIMMUNG:

ÜBERARBEITETE SEITEN:

GRÖSSTER **Erfolg** | GRÖSSTE **Herausforderung**

Motivationskurve

WITZIGSTE RECHERCHEERGEBNISSE

Tag 6 von 366 Tagen

PROJEKT

GENRE

DEADLINE

GEPLANTE WORTZAHL

GESCHRIEBENE WÖRTER HEUTE

GESCHRIEBENE WÖRTER GESAMT

HÖCHSTES Tageswortziel BISHER

Kaffee ☐ | ☐ **Tee**

WAS WAR DEIN HEUTIGER Lieblingssatz?

SPONTAN NEUERFUNDENE CHARAKTERE:

GETÖTETE CHARAKTERE:

ÄNDERUNGEN IN DER GESCHICHTE:

VERZWEIFLUNGSANFÄLLE:

SCHREIBSTIMMUNG:

ÜBERARBEITETE SEITEN:

GRÖSSTER Erfolg | GRÖSSTE Herausforderung

Motivationskurve

WITZIGSTE RECHERCHEERGEBNISSE

Tag 7 von 366 Tagen

PROJEKT

GENRE

DEADLINE

GEPLANTE WORTZAHL

GESCHRIEBENE WÖRTER HEUTE

GESCHRIEBENE WÖRTER GESAMT

HÖCHSTES Tageswortziel BISHER

Kaffee ☐ | ☐ Tee

WAS WAR DEIN HEUTIGER Lieblingssatz?

Imagination

SPONTAN NEUERFUNDENE CHARAKTERE:

GETÖTETE CHARAKTERE:

ÄNDERUNGEN IN DER GESCHICHTE:

VERZWEIFLUNGSANFÄLLE:

SCHREIBSTIMMUNG:

ÜBERARBEITETE SEITEN:

GRÖSSTER Erfolg | GRÖSSTE Herausforderung

Motivationskurve

WITZIGSTE RECHERCHEERGEBNISSE

Tag 8 von 366 Tagen

Projekt	Genre	Deadline

Geplante Wortzahl	Geschriebene Wörter heute	Geschriebene Wörter gesamt

HÖCHSTES Tageswortziel BISHER

Kaffee ☐ | ☐ Tee

WAS WAR DEIN HEUTIGER Lieblingssatz?

Spontan neuerfundene Charaktere:

Getötete Charaktere:

Änderungen in der Geschichte:

Verzweiflungsanfälle:

Schreibstimmung:

Überarbeitete Seiten:

GRÖSSTER Erfolg | GRÖSSTE Herausforderung

Motivationskurve

Witzigste Rechercheergebnisse

Tag 9 von 366 Tagen

IDEAS

PROJEKT

GENRE

DEADLINE

GEPLANTE WORTZAHL

GESCHRIEBENE WÖRTER HEUTE

GESCHRIEBENE WÖRTER GESAMT

HÖCHSTES *Tageswortziel* BISHER

Kaffee ☐ | ☐ Tee

WAS WAR DEIN HEUTIGER *Lieblingssatz*?

Imagination

SPONTAN NEUERFUNDENE CHARAKTERE:

GETÖTETE CHARAKTERE:

ÄNDERUNGEN IN DER GESCHICHTE:

VERZWEIFLUNGSANFÄLLE:

SCHREIBSTIMMUNG:

ÜBERARBEITETE SEITEN:

GRÖSSTER *Erfolg* | GRÖSSTE *Herausforderung*

Motivationskurve

WITZIGSTE RECHERCHEERGEBNISSE

Tag 10 von 366 Tagen

PROJEKT | GENRE | DEADLINE

GEPLANTE WORTZAHL | GESCHRIEBENE WÖRTER HEUTE | GESCHRIEBENE WÖRTER GESAMT

HÖCHSTES **Tageswortziel** BISHER

Kaffee ☐ | ☐ Tee

WAS WAR DEIN HEUTIGER **Lieblingssatz**?

SPONTAN NEUERFUNDENE CHARAKTERE:

GETÖTETE CHARAKTERE:

ÄNDERUNGEN IN DER GESCHICHTE:

VERZWEIFLUNGSANFÄLLE:

SCHREIBSTIMMUNG:

ÜBERARBEITETE SEITEN:

GRÖSSTER **Erfolg** / GRÖSSTE **Herausforderung**

Motivationskurve

WITZIGSTE RECHERCHEERGEBNISSE

Tag 11 von 366 Tagen

IDEAS

PROJEKT

GENRE

DEADLINE

GEPLANTE WORTZAHL

GESCHRIEBENE WÖRTER HEUTE

GESCHRIEBENE WÖRTER GESAMT

HÖCHSTES *Tageswortziel* BISHER

Kaffee ☐ | ☐ Tee

WAS WAR DEIN HEUTIGER *Lieblingssatz*?

Imagination

SPONTAN NEUERFUNDENE CHARAKTERE:

GETÖTETE CHARAKTERE:

ÄNDERUNGEN IN DER GESCHICHTE:

VERZWEIFLUNGSANFÄLLE:

SCHREIBSTIMMUNG:

ÜBERARBEITETE SEITEN:

GRÖSSTER *Erfolg* | GRÖSSTE *Herausforderung*

Motivationskurve

WITZIGSTE RECHERCHEERGEBNISSE

Tag 12 von 366 Tagen

Projekt	Genre	Deadline
Geplante Wortzahl	Geschriebene Wörter heute	Geschriebene Wörter gesamt

HÖCHSTES Tageswortziel BISHER

Kaffee ☐ | ☐ Tee ☕☕☕☕☕☕☕☕☕

WAS WAR DEIN HEUTIGER Lieblingssatz?

Spontan neuerfundene Charaktere:
Getötete Charaktere:
Änderungen in der Geschichte:
Verzweiflungsanfälle:
Schreibstimmung: 😄 😊 😍 😘 😖 😐 😨 🙍 😦 😮 😒 😎 ⚪

Grösster Erfolg | Grösste Herausforderung

Motivationskurve

Witzigste Rechercheergebnisse

Tag 13 von 366 Tagen

IDEAS

PROJEKT

GENRE

DEADLINE

GEPLANTE WORTZAHL

GESCHRIEBENE WÖRTER HEUTE

GESCHRIEBENE WÖRTER GESAMT

HÖCHSTES **Tageswortziel** BISHER

Kaffee ☐ | ☐ Tee

WAS WAR DEIN HEUTIGER *Lieblingssatz*?

Imagination

SPONTAN NEUERFUNDENE CHARAKTERE:

GETÖTETE CHARAKTERE:

ÄNDERUNGEN IN DER GESCHICHTE:

VERZWEIFLUNGSANFÄLLE:

SCHREIBSTIMMUNG:

ÜBERARBEITETE SEITEN:

GRÖSSTER *Erfolg* | GRÖSSTE *Herausforderung*

Motivationskurve

WITZIGSTE RECHERCHEERGEBNISSE

Tag 14 von 366 Tagen

Projekt	Genre	Deadline

Geplante Wortzahl	Geschriebene Wörter heute	Geschriebene Wörter gesamt

HÖCHSTES Tageswortziel BISHER

Kaffee ☐ | ☐ Tee

Was war dein heutiger Lieblingssatz?

- Spontan neuerfundene Charaktere:
- Verzweiflungsanfälle:
- Überarbeitete Seiten:
- Getötete Charaktere:
- Schreibstimmung:
- Änderungen in der Geschichte:

Grösster Erfolg | Grösste Herausforderung

Motivationskurve

Witzigste Rechercheergebnisse

Tag 15 von 366 Tagen

IDEAS

PROJEKT · GENRE · DEADLINE ·

GEPLANTE WORTZAHL · · · · · · · · · · · · GESCHRIEBENE WÖRTER HEUTE · · · · · · · GESCHRIEBENE WÖRTER GESAMT · · · · · · ·

HÖCHSTES *Tageswortziel* BISHER [   ]

Kaffee ☐ | ☐ Tee ☕ ☕ ☕ ☕ ☕ ☕ ☕ ☕

✓ WAS WAR DEIN HEUTIGER *Lieblingssatz*?

[   ]

Imagination

SPONTAN NEUERFUNDENE CHARAKTERE: · · · · GETÖTETE CHARAKTERE: · · · · ÄNDERUNGEN IN DER GESCHICHTE: · · · ·

VERZWEIFLUNGSANFÄLLE: · · · · SCHREIBSTIMMUNG: 😀 😊 🥰 😤 😠 😐 ○ ○ ○ ○

ÜBERARBEITETE SEITEN: · · · · 🤮 😭 😨 😟 😣 😎 ○ ○ ○ ○

GRÖSSTER *Erfolg* | GRÖSSTE *Herausforderung*

[   ]   *Motivationskurve*

WITZIGSTE RECHERCHEERGEBNISSE

[   ]

Tag 16 von 366 Tagen

Projekt	Genre	Deadline
Geplante Wortzahl	Geschriebene Wörter heute	Geschriebene Wörter gesamt

HÖCHSTES **Tageswortziel** BISHER

Kaffee ☐ | ☐ **Tee**

WAS WAR DEIN HEUTIGER **Lieblingssatz**?

Spontan neuerfundene Charaktere:

Getötete Charaktere:

Änderungen in der Geschichte:

Verzweiflungsanfälle:

Schreibstimmung:

Überarbeitete Seiten:

GRÖSSTER **Erfolg** / GRÖSSTE **Herausforderung**

Motivationskurve

Witzigste Rechercheergebnisse

Tag 17 von 366 Tagen

PROJEKT .... GENRE .... DEADLINE ....

GEPLANTE WORTZAHL .... GESCHRIEBENE WÖRTER HEUTE .... GESCHRIEBENE WÖRTER GESAMT ....

HÖCHSTES *Tageswortziel* BISHER _____

Kaffee ☐ | ☐ Tee ☕ ☕ ☕ ☕ ☕ ☕ ☕ ☕

WAS WAR DEIN HEUTIGER *Lieblingssatz*?

_____

Imagination

SPONTAN NEUERFUNDENE CHARAKTERE: .... GETÖTETE CHARAKTERE: .... ÄNDERUNGEN IN DER GESCHICHTE: ....

VERZWEIFLUNGSANFÄLLE: .... SCHREIBSTIMMUNG: 😊 😍 🥰 😤 😖 😐 ⚪

ÜBERARBEITETE SEITEN: .... 😱 😭 😨 ⚪ 😠 😎 ⚪

GRÖSSTER *Erfolg* | GRÖSSTE *Herausforderung*   *Motivationskurve*

WITZIGSTE RECHERCHEERGEBNISSE

Tag 18 von 366 Tagen

Projekt	Genre	Deadline

Geplante Wortzahl	Geschriebene Wörter heute	Geschriebene Wörter gesamt

HÖCHSTES Tageswortziel BISHER

Kaffee ☐ | ☐ Tee

WAS WAR DEIN HEUTIGER Lieblingssatz?

Spontan neuerfundene Charaktere:

Verzweiflungsanfälle:

Überarbeitete Seiten:

Getötete Charaktere:

Schreibstimmung:

Änderungen in der Geschichte:

GRÖSSTER Erfolg / GRÖSSTE Herausforderung

Motivationskurve

Witzigste Rechercheergebnisse

Tag 19 von 366 Tagen

PROJEKT

GENRE

DEADLINE

GEPLANTE WORTZAHL

GESCHRIEBENE WÖRTER HEUTE

GESCHRIEBENE WÖRTER GESAMT

HÖCHSTES Tageswortziel BISHER

Kaffee ☐ | ☐ Tee

WAS WAR DEIN HEUTIGER Lieblingssatz?

SPONTAN NEUERFUNDENE CHARAKTERE:

GETÖTETE CHARAKTERE:

ÄNDERUNGEN IN DER GESCHICHTE:

VERZWEIFLUNGSANFÄLLE:

SCHREIBSTIMMUNG:

ÜBERARBEITETE SEITEN:

GRÖSSTER Erfolg | GRÖSSTE Herausforderung

Motivationskurve

WITZIGSTE RECHERCHEERGEBNISSE

Tag 20 von 366 Tagen

Projekt	Genre	Deadline

Geplante Wortzahl	Geschriebene Wörter heute	Geschriebene Wörter gesamt

HÖCHSTES Tageswortziel BISHER

Kaffee ☐ | ☐ Tee

WAS WAR DEIN HEUTIGER Lieblingssatz?

Spontan neuerfundene Charaktere:	Getötete Charaktere:	Änderungen in der Geschichte:
Verzweiflungsanfälle:	Schreibstimmung:	
Überarbeitete Seiten:		

GRÖSSTER Erfolg / GRÖSSTE Herausforderung

Motivationskurve

Witzigste Rechercheergebnisse

Tag 21 von 366 Tagen

PROJEKT | GENRE | DEADLINE

GEPLANTE WORTZAHL | GESCHRIEBENE WÖRTER HEUTE | GESCHRIEBENE WÖRTER GESAMT

HÖCHSTES Tageswortziel BISHER

Kaffee ☐ | ☐ Tee ☕ ☕ ☕ ☕ ☕ ☕ ☕ ☕ ☕

WAS WAR DEIN HEUTIGER Lieblingssatz?

SPONTAN NEUERFUNDENE CHARAKTERE: | GETÖTETE CHARAKTERE: | ÄNDERUNGEN IN DER GESCHICHTE:

VERZWEIFLUNGSANFÄLLE: | SCHREIBSTIMMUNG: 😊 😋 🥵 😮‍💨 😖 😐 ○ ○

ÜBERARBEITETE SEITEN: | 😲 😭 😨 ○ 😠 😎 ○ ○

GRÖSSTER Erfolg / GRÖSSTE Herausforderung

Motivationskurve

WITZIGSTE RECHERCHEERGEBNISSE

Tag 22 von 366 Tagen

IDEAS

PROJEKT	GENRE	DEADLINE

GEPLANTE WORTZAHL	GESCHRIEBENE WÖRTER HEUTE	GESCHRIEBENE WÖRTER GESAMT

HÖCHSTES Tageswortziel BISHER: _____

Kaffee ☐ | ☐ **Tee**   ☕ ☕ ☕ ☕ ☕ ☕ ☕ ☕

↙ **WAS WAR DEIN HEUTIGER Lieblingssatz?**

(Imagination)

SPONTAN NEUERFUNDENE CHARAKTERE:	GETÖTETE CHARAKTERE:	ÄNDERUNGEN IN DER GESCHICHTE:
VERZWEIFLUNGSANFÄLLE:	SCHREIBSTIMMUNG: 😀 😊 😍 😢 😫 😐	⭕ ⭕ ⭕
ÜBERARBEITETE SEITEN:	😫 😭 😨 😶 😠 😎	⭕ ⭕ ⭕

GRÖSSTER Erfolg / GRÖSSTE Herausforderung

Motivationskurve

WITZIGSTE RECHERCHEERGEBNISSE

Tag 23 von 366 Tagen

PROJEKT

GENRE

DEADLINE

GEPLANTE WORTZAHL

GESCHRIEBENE WÖRTER HEUTE

GESCHRIEBENE WÖRTER GESAMT

HÖCHSTES **Tageswortziel** BISHER

Kaffee ☐ | ☐ Tee

WAS WAR DEIN HEUTIGER **Lieblingssatz**?

SPONTAN NEUERFUNDENE CHARAKTERE:

GETÖTETE CHARAKTERE:

ÄNDERUNGEN IN DER GESCHICHTE:

VERZWEIFLUNGSANFÄLLE:

SCHREIBSTIMMUNG:

ÜBERARBEITETE SEITEN:

GRÖSSTER *Erfolg* | GRÖSSTE *Herausforderung*

Motivationskurve

WITZIGSTE RECHERCHEERGEBNISSE

Tag 24 von 366 Tagen

Projekt	Genre	Deadline
Geplante Wortzahl	Geschriebene Wörter heute	Geschriebene Wörter gesamt

HÖCHSTES Tageswortziel BISHER

Kaffee ☐ | ☐ Tee

WAS WAR DEIN HEUTIGER Lieblingssatz?

Spontan neuerfundene Charaktere:

Verzweiflungsanfälle:

Überarbeitete Seiten:

Getötete Charaktere:

Schreibstimmung:

Änderungen in der Geschichte:

GRÖSSTER Erfolg / GRÖSSTE Herausforderung

Motivationskurve

Witzigste Rechercheergebnisse

Tag 25 von 366 Tagen

Projekt

Genre

Deadline

Geplante Wortzahl

Geschriebene Wörter heute

Geschriebene Wörter gesamt

HÖCHSTES Tageswortziel BISHER

Kaffee ☐ | ☐ Tee

WAS WAR DEIN HEUTIGER Lieblingssatz?

Spontan neuerfundene Charaktere:

Getötete Charaktere:

Änderungen in der Geschichte:

Verzweiflungsanfälle:

Schreibstimmung:

Überarbeitete Seiten:

Grösster Erfolg | Grösste Herausforderung

Motivationskurve

Witzigste Rechercheergebnisse

Tag 26 von 366 Tagen

Projekt	Genre	Deadline

Geplante Wortzahl	Geschriebene Wörter heute	Geschriebene Wörter gesamt

HÖCHSTES Tageswortziel BISHER

Kaffee ☐ | ☐ Tee

WAS WAR DEIN HEUTIGER Lieblingssatz?

Spontan neuerfundene Charaktere:

Verzweiflungsanfälle:

Überarbeitete Seiten:

Getötete Charaktere:

Schreibstimmung:

Änderungen in der Geschichte:

Grösster Erfolg | Grösste Herausforderung

Motivationskurve

Witzigste Rechercheergebnisse

Tag 27 von 366 Tagen

PROJEKT .... GENRE .... DEADLINE ....

GEPLANTE WORTZAHL .... GESCHRIEBENE WÖRTER HEUTE .... GESCHRIEBENE WÖRTER GESAMT ....

HÖCHSTES **Tageswortziel** BISHER

Kaffee ☐ | ☐ Tee ☕☕☕☕☕☕☕☕

WAS WAR DEIN HEUTIGER *Lieblingssatz*?

SPONTAN NEUERFUNDENE CHARAKTERE: .... GETÖTETE CHARAKTERE: .... ÄNDERUNGEN IN DER GESCHICHTE: ....

VERZWEIFLUNGSANFÄLLE: .... SCHREIBSTIMMUNG:

ÜBERARBEITETE SEITEN: ....

GRÖSSTER *Erfolg* | GRÖSSTE *Herausforderung*

Motivationskurve

WITZIGSTE RECHERCHEERGEBNISSE

Tag 28 von 366 Tagen

IDEAS

PROJEKT · GENRE · DEADLINE

GEPLANTE WORTZAHL · · · · · · · · · · · · · · · · GESCHRIEBENE WÖRTER HEUTE · · · · · · · · GESCHRIEBENE WÖRTER GESAMT

HÖCHSTES Tageswortziel BISHER

Kaffee ☐ | ☐ Tee ☕ ☕ ☕ ☕ ☕ ☕ ☕ ☕ ☕

WAS WAR DEIN HEUTIGER Lieblingssatz?

Imagination

SPONTAN NEUERFUNDENE CHARAKTERE: GETÖTETE CHARAKTERE: ÄNDERUNGEN IN DER GESCHICHTE:

VERZWEIFLUNGSANFÄLLE: SCHREIBSTIMMUNG: 😊 😌 😍 🤢 😠 😐 ○ ○

ÜBERARBEITETE SEITEN: 😱 😭 😨 😶 😤 😎 ○ ○

GRÖSSTER Erfolg / GRÖSSTE Herausforderung

Motivationskurve

WITZIGSTE RECHERCHEERGEBNISSE

Tag 29 von 366 Tagen

PROJEKT .... GENRE .... DEADLINE ....

GEPLANTE WORTZAHL .... GESCHRIEBENE WÖRTER HEUTE .... GESCHRIEBENE WÖRTER GESAMT ....

HÖCHSTES **Tageswortziel** BISHER: _____

Kaffee ☐ | ☐ Tee   ☕ ☕ ☕ ☕ ☕ ☕ ☕ ☕

WAS WAR DEIN HEUTIGER *Lieblingssatz*?

_____

SPONTAN NEUERFUNDENE CHARAKTERE: .... GETÖTETE CHARAKTERE: .... ÄNDERUNGEN IN DER GESCHICHTE: ....

VERZWEIFLUNGSANFÄLLE: .... SCHREIBSTIMMUNG: 😊 😍 🤩 😘 🤢 😐

ÜBERARBEITETE SEITEN: .... 😱 😭 😨 😶 😤 😎

GRÖSSTER *Erfolg* | GRÖSSTE *Herausforderung*

_____

Motivationskurve

WITZIGSTE RECHERCHEERGEBNISSE

Tag 30 von 366 Tagen

Projekt

Genre

Deadline

Geplante Wortzahl

Geschriebene Wörter heute

Geschriebene Wörter gesamt

HÖCHSTES **Tageswortziel** BISHER

Kaffee ☐ | ☐ Tee

WAS WAR DEIN HEUTIGER **Lieblingssatz**?

Spontan neuerfundene Charaktere:

Getötete Charaktere:

Änderungen in der Geschichte:

Verzweiflungsanfälle:

Schreibstimmung:

Überarbeitete Seiten:

GRÖSSTER **Erfolg** | GRÖSSTE **Herausforderung**

Motivationskurve

Witzigste Rechercheergebnisse

Tag 31 von 366 Tagen

PROJEKT

GENRE

DEADLINE

GEPLANTE WORTZAHL

GESCHRIEBENE WÖRTER HEUTE

GESCHRIEBENE WÖRTER GESAMT

HÖCHSTES Tageswortziel BISHER

Kaffee ☐ | ☐ Tee

WAS WAR DEIN HEUTIGER Lieblingssatz?

SPONTAN NEUERFUNDENE CHARAKTERE:

GETÖTETE CHARAKTERE:

ÄNDERUNGEN IN DER GESCHICHTE:

VERZWEIFLUNGSANFÄLLE:

SCHREIBSTIMMUNG:

ÜBERARBEITETE SEITEN:

GRÖSSTER Erfolg | GRÖSSTE Herausforderung

Motivationskurve

WITZIGSTE RECHERCHEERGEBNISSE

Schreibgedanke:

Was ist Dein Schreibziel?
Wo möchtest Du einmal sein?

Mein Schreibrückblick im Januar

Lass aus deinen Ideen
Wirklichkeiten werden.

Mein Schreibziel im Februar

Projekt

Deadline

Tägliches Wörterziel

Gesamt Wortziel

Motivations-Monats-Mantra

Wichtige Infos zum Projekt?

To-Dos

1. ☐
2. ☐
3. ☐
4. ☐
5. ☐
6. ☐
7. ☐
8. ☐
9. ☐
10. ☐
11. ☐
12. ☐
13. ☐
14. ☐

Tag 32 von 366 Tagen

Projekt	Genre	Deadline
Geplante Wortzahl	Geschriebene Wörter heute	Geschriebene Wörter gesamt

HÖCHSTES Tageswortziel BISHER

Kaffee ☐ | ☐ Tee

WAS WAR DEIN HEUTIGER **Lieblingssatz**?

Spontan neuerfundene Charaktere:

Getötete Charaktere:

Änderungen in der Geschichte:

Verzweiflungsanfälle:

Schreibstimmung:

Überarbeitete Seiten:

GRÖSSTER *Erfolg* / GRÖSSTE *Herausforderung*

Motivationskurve

Witzigste Rechercheergebnisse

Tag 33 von 366 Tagen

Projekt	Genre	Deadline
Geplante Wortzahl	Geschriebene Wörter heute	Geschriebene Wörter gesamt

Höchstes Tageswortziel bisher

Kaffee ☐ | ☐ Tee

Was war dein heutiger Lieblingssatz?

Spontan neuerfundene Charaktere:

Getötete Charaktere:

Änderungen in der Geschichte:

Verzweiflungsanfälle:

Schreibstimmung:

Überarbeitete Seiten:

Grösster Erfolg | Grösste Herausforderung

Motivationskurve

Witzigste Recherchergebnisse

Tag 34 von 366 Tagen

Projekt

Genre

Deadline

Geplante Wortzahl

Geschriebene Wörter heute

Geschriebene Wörter gesamt

HÖCHSTES **Tageswortziel** BISHER

Kaffee ☐ | ☐ Tee

WAS WAR DEIN HEUTIGER *Lieblingssatz*?

Spontan neuerfundene Charaktere:

Getötete Charaktere:

Änderungen in der Geschichte:

Verzweiflungsanfälle:

Schreibstimmung:

Überarbeitete Seiten:

Grösster **Erfolg** | Grösste **Herausforderung**

Motivationskurve

Witzigste Rechercheergebnisse

Tag 35 von 366 Tagen

PROJEKT　　　　　　　　GENRE　　　　　　　　DEADLINE

GEPLANTE WORTZAHL　　GESCHRIEBENE WÖRTER HEUTE　　GESCHRIEBENE WÖRTER GESAMT

HÖCHSTES **Tageswortziel** BISHER

Kaffee ☐ | ☐ Tee

WAS WAR DEIN HEUTIGER *Lieblingssatz*?

SPONTAN NEUERFUNDENE CHARAKTERE:　　GETÖTETE CHARAKTERE:　　ÄNDERUNGEN IN DER GESCHICHTE:

VERZWEIFLUNGSANFÄLLE:　　SCHREIBSTIMMUNG:

ÜBERARBEITETE SEITEN:

GRÖSSTER *Erfolg* | GRÖSSTE *Herausforderung*　　　*Motivationskurve*

WITZIGSTE RECHERCHEERGEBNISSE

Tag 36 von 366 Tagen

Projekt

Genre

Deadline

Geplante Wortzahl

Geschriebene Wörter heute

Geschriebene Wörter gesamt

HÖCHSTES Tageswortziel BISHER

Kaffee ☐ | ☐ **Tee**

Was war dein heutiger Lieblingssatz?

Spontan neuerfundene Charaktere:

Getötete Charaktere:

Änderungen in der Geschichte:

Verzweiflungsanfälle:

Schreibstimmung:

Überarbeitete Seiten:

Grösster Erfolg / Grösste Herausforderung

Motivationskurve

Witzigste Rechercheergebnisse

Tag 37 von 366 Tagen

Projekt ....

Genre ....

Deadline ....

Geplante Wortzahl ....

Geschriebene Wörter heute ....

Geschriebene Wörter gesamt ....

HÖCHSTES Tageswortziel BISHER [   ]

Kaffee ☐ | ☐ Tee ☕ ☕ ☕ ☕ ☕ ☕ ☕ ☕ ☕

WAS WAR DEIN HEUTIGER Lieblingssatz?

[   ]

Spontan neuerfundene Charaktere: ....

Getötete Charaktere: ....

Änderungen in der Geschichte: ....

Verzweiflungsanfälle: ....

Schreibstimmung: 😊 🙂 😍 😟 😖 😐 ⚪ 🤮 😨 😲 😶 😤 😎 ⚪

Überarbeitete Seiten: ....

Grösster Erfolg | Grösste Herausforderung

[   ]

Motivationskurve

Witzigste Rechercheergebnisse

Tag 38 von 366 Tagen

Projekt

Genre

Deadline

Geplante Wortzahl

Geschriebene Wörter heute

Geschriebene Wörter gesamt

HÖCHSTES **Tageswortziel** BISHER

Kaffee ☐ | ☐ Tee

WAS WAR DEIN HEUTIGER **Lieblingssatz**?

Spontan neuerfundene Charaktere:

Getötete Charaktere:

Änderungen in der Geschichte:

Verzweiflungsanfälle:

Schreibstimmung:

Überarbeitete Seiten:

GRÖSSTER *Erfolg* / GRÖSSTE *Herausforderung*

Motivationskurve

Witzigste Rechercheergebnisse

Tag 39 von 366 Tagen

Projekt	Genre	Deadline
Geplante Wortzahl	Geschriebene Wörter heute	Geschriebene Wörter gesamt

HÖCHSTES Tageswortziel BISHER

Kaffee ☐ | ☐ Tee

WAS WAR DEIN HEUTIGER Lieblingssatz?

Spontan neuerfundene Charaktere:	Getötete Charaktere:	Änderungen in der Geschichte:
Verzweiflungsanfälle:	Schreibstimmung:	
Überarbeitete Seiten:		

Grösster Erfolg | Grösste Herausforderung

Motivationskurve

Witzigste Recherchergebnisse

Tag 40 von 366 Tagen

Projekt	Genre	Deadline
Geplante Wortzahl	Geschriebene Wörter heute	Geschriebene Wörter gesamt

HÖCHSTES Tageswortziel BISHER

Kaffee ☐ | ☐ Tee

↳ WAS WAR DEIN HEUTIGER Lieblingssatz?

Imagination

Spontan neuerfundene Charaktere:	Getötete Charaktere:	Änderungen in der Geschichte:
Verzweiflungsanfälle:	Schreibstimmung:	
Überarbeitete Seiten:		

Grösster Erfolg | Grösste Herausforderung

Motivationskurve

Witzigste Rechercheergebnisse

Tag 41 von 366 Tagen

Projekt

Genre

Deadline

Geplante Wortzahl

Geschriebene Wörter heute

Geschriebene Wörter gesamt

HÖCHSTES **Tageswortziel** BISHER

Kaffee ☐ | ☐ Tee

WAS WAR DEIN HEUTIGER **Lieblingssatz**?

Imagination

Spontan neuerfundene Charaktere:

Getötete Charaktere:

Änderungen in der Geschichte:

Verzweiflungsanfälle:

Schreibstimmung:

Überarbeitete Seiten:

Grösster **Erfolg** | Grösste **Herausforderung**

Motivationskurve

Witzigste Rechercheergebnisse

Tag 42 von 366 Tagen

Projekt	Genre	Deadline
Geplante Wortzahl	Geschriebene Wörter heute	Geschriebene Wörter gesamt

---

HÖCHSTES Tageswortziel BISHER [_____]

Kaffee ☐ | ☐ Tee ☕ ☕ ☕ ☕ ☕ ☕ ☕ ☕

WAS WAR DEIN HEUTIGER Lieblingssatz?

[   ]

Spontan neuerfundene Charaktere:

Verzweiflungsanfälle:

Überarbeitete Seiten:

Getötete Charaktere:

Schreibstimmung: 😊 😃 😍 🤢 😠 😐 😨 😭 😳 👀 😤 😎

Änderungen in der Geschichte:

Grösster Erfolg / Grösste Herausforderung

[   ]

Motivationskurve

Witzigste Rechercheergebnisse

Tag 43 von 366 Tagen

PROJEKT

GENRE

DEADLINE

GEPLANTE WORTZAHL

GESCHRIEBENE WÖRTER HEUTE

GESCHRIEBENE WÖRTER GESAMT

HÖCHSTES Tageswortziel BISHER

Kaffee ☐ | ☐ Tee

WAS WAR DEIN HEUTIGER Lieblingssatz?

SPONTAN NEUERFUNDENE CHARAKTERE:

VERZWEIFLUNGSANFÄLLE:

ÜBERARBEITETE SEITEN:

GETÖTETE CHARAKTERE:

SCHREIBSTIMMUNG:

ÄNDERUNGEN IN DER GESCHICHTE:

GRÖSSTER Erfolg | GRÖSSTE Herausforderung

Motivationskurve

WITZIGSTE RECHERCHEERGEBNISSE

Tag 44 von 366 Tagen

IDEAS

Projekt

Genre

Deadline

Geplante Wortzahl

Geschriebene Wörter heute

Geschriebene Wörter gesamt

HÖCHSTES **Tageswortziel** BISHER

Kaffee ☐ | ☐ Tee

WAS WAR DEIN HEUTIGER **Lieblingssatz**?

Imagination

Spontan neuerfundene Charaktere:

Getötete Charaktere:

Änderungen in der Geschichte:

Verzweiflungsanfälle:

Schreibstimmung:

Überarbeitete Seiten:

GRÖSSTER **Erfolg** / GRÖSSTE **Herausforderung**

Motivationskurve

Witzigste Recherchergebnisse

Tag 45 von 366 Tagen

Projekt	Genre	Deadline
Geplante Wortzahl	Geschriebene Wörter heute	Geschriebene Wörter gesamt

Höchstes Tageswortziel bisher

Kaffee ☐ | ☐ Tee

Was war dein heutiger Lieblingssatz?

Spontan neuerfundene Charaktere:

Getötete Charaktere:

Änderungen in der Geschichte:

Verzweiflungsanfälle:

Schreibstimmung:

Überarbeitete Seiten:

Grösster Erfolg | Grösste Herausforderung

Motivationskurve

Witzigste Recherchergebnisse

Tag 46 von 366 Tagen

Projekt	Genre	Deadline
Geplante Wortzahl	Geschriebene Wörter heute	Geschriebene Wörter gesamt

HÖCHSTES Tageswortziel BISHER

Kaffee ☐ | ☐ Tee

↳ WAS WAR DEIN HEUTIGER Lieblingssatz?

Spontan neuerfundene Charaktere:

Verzweiflungsanfälle:

Überarbeitete Seiten:

Getötete Charaktere:

Schreibstimmung:

Änderungen in der Geschichte:

Grösster Erfolg | Grösste Herausforderung

Motivationskurve

Witzigste Rechercheergebnisse

Tag 47 von 366 Tagen

IDEAS

PROJEKT	GENRE	DEADLINE
GEPLANTE WORTZAHL	GESCHRIEBENE WÖRTER HEUTE	GESCHRIEBENE WÖRTER GESAMT

HÖCHSTES Tageswortziel BISHER

Kaffee ☐ | ☐ Tee ☕ ☕ ☕ ☕ ☕ ☕ ☕ ☕

WAS WAR DEIN HEUTIGER Lieblingssatz?

Imagination

SPONTAN NEUERFUNDENE CHARAKTERE:	GETÖTETE CHARAKTERE:	ÄNDERUNGEN IN DER GESCHICHTE:
VERZWEIFLUNGSANFÄLLE:	SCHREIBSTIMMUNG:	
ÜBERARBEITETE SEITEN:		

GRÖSSTER Erfolg | GRÖSSTE Herausforderung

Motivationskurve

WITZIGSTE RECHERCHEERGEBNISSE

Tag 48 von 366 Tagen

PROJEKT

GENRE

DEADLINE

GEPLANTE WORTZAHL

GESCHRIEBENE WÖRTER HEUTE

GESCHRIEBENE WÖRTER GESAMT

HÖCHSTES Tageswortziel BISHER

Kaffee ☐ | ☐ **Tee**

WAS WAR DEIN HEUTIGER Lieblingssatz?

Imagination

SPONTAN NEUERFUNDENE CHARAKTERE:

GETÖTETE CHARAKTERE:

ÄNDERUNGEN IN DER GESCHICHTE:

VERZWEIFLUNGSANFÄLLE:

SCHREIBSTIMMUNG:

ÜBERARBEITETE SEITEN:

GRÖSSTER Erfolg / GRÖSSTE Herausforderung

Motivationskurve

WITZIGSTE RECHERCHEERGEBNISSE

Tag 49 von 366 Tagen

PROJEKT

GENRE

DEADLINE

GEPLANTE WORTZAHL

GESCHRIEBENE WÖRTER HEUTE

GESCHRIEBENE WÖRTER GESAMT

HÖCHSTES *Tageswortziel* BISHER

Kaffee ☐ | ☐ Tee

WAS WAR DEIN HEUTIGER *Lieblingssatz*?

SPONTAN NEUERFUNDENE CHARAKTERE:

GETÖTETE CHARAKTERE:

ÄNDERUNGEN IN DER GESCHICHTE:

VERZWEIFLUNGSANFÄLLE:

SCHREIBSTIMMUNG:

ÜBERARBEITETE SEITEN:

GRÖSSTER *Erfolg* | GRÖSSTE *Herausforderung*

Motivationskurve

WITZIGSTE RECHERCHEERGEBNISSE

Tag 50 von 366 Tagen

Projekt .... **Genre** .... **Deadline** ....

Geplante Wortzahl .... **Geschriebene Wörter heute** .... **Geschriebene Wörter gesamt** ....

HÖCHSTES **Tageswortziel** BISHER [   ]

Kaffee ☐ | ☐ Tee ☕ ☕ ☕ ☕ ☕ ☕ ☕ ☕

WAS WAR DEIN HEUTIGER **Lieblingssatz**?

Spontan neuerfundene Charaktere: .... Getötete Charaktere: .... Änderungen in der Geschichte: ○ ○ ○

Verzweiflungsanfälle: .... Schreibstimmung: 😊 🙂 😍 😠 🤢 😐

Überarbeitete Seiten: .... 🥵 😱 😨 ○ ○ 😎 ○ ○

Grösster **Erfolg** | Grösste **Herausforderung**

Motivationskurve

Witzigste Rechercheergebnisse

Tag 51 von 366 Tagen

Creativity

PROJEKT	GENRE	DEADLINE
GEPLANTE WORTZAHL	GESCHRIEBENE WÖRTER HEUTE	GESCHRIEBENE WÖRTER GESAMT

HÖCHSTES **Tageswortziel** BISHER

Kaffee ☐ | ☐ Tee

WAS WAR DEIN HEUTIGER **Lieblingssatz**?

Imagination

SPONTAN NEUERFUNDENE CHARAKTERE:

GETÖTETE CHARAKTERE:

ÄNDERUNGEN IN DER GESCHICHTE:

VERZWEIFLUNGSANFÄLLE:

SCHREIBSTIMMUNG:

ÜBERARBEITETE SEITEN:

GRÖSSTER **Erfolg** | GRÖSSTE **Herausforderung**

Motivationskurve

WITZIGSTE RECHERCHEERGEBNISSE

Tag 52 von 366 Tagen

Creativity

Projekt	Genre	Deadline

Geplante Wortzahl	Geschriebene Wörter heute	Geschriebene Wörter gesamt

---

HÖCHSTES **Tageswortziel** BISHER [ ]

Kaffee ☐ | ☐ Tee ☕ ☕ ☕ ☕ ☕ ☕ ☕ ☕

↳ WAS WAR DEIN HEUTIGER **Lieblingssatz**?

[ ]

Imagination

Spontan neuerfundene Charaktere:	Getötete Charaktere:	Änderungen in der Geschichte:
Verzweiflungsanfälle:	Schreibstimmung: 😀 😊 😍 😷 🤢 😐	◯ ◯ ◯ ◯
Überarbeitete Seiten:	😱 😨 😰 😕 😎	◯ ◯ ◯ ◯

GRÖSSTER **Erfolg** | GRÖSSTE **Herausforderung**

[ ]

Motivationskurve

WITZIGSTE RECHERCHEERGEBNISSE

Tag 53 von 366 Tagen

PROJEKT

GENRE

DEADLINE

GEPLANTE WORTZAHL

GESCHRIEBENE WÖRTER HEUTE

GESCHRIEBENE WÖRTER GESAMT

HÖCHSTES *Tageswortziel* BISHER

Kaffee ☐ | ☐ Tee

Was war dein heutiger *Lieblingssatz*?

SPONTAN NEUERFUNDENE CHARAKTERE:

GETÖTETE CHARAKTERE:

ÄNDERUNGEN IN DER GESCHICHTE:

VERZWEIFLUNGSANFÄLLE:

SCHREIBSTIMMUNG:

ÜBERARBEITETE SEITEN:

GRÖSSTER *Erfolg* | GRÖSSTE *Herausforderung*

Motivationskurve

WITZIGSTE RECHERCHEERGEBNISSE

Tag 54 von 366 Tagen

PROJEKT

GENRE

DEADLINE

GEPLANTE WORTZAHL

GESCHRIEBENE WÖRTER HEUTE

GESCHRIEBENE WÖRTER GESAMT

HÖCHSTES Tageswortziel BISHER

Kaffee ☐ | ☐ **Tee**

WAS WAR DEIN HEUTIGER Lieblingssatz?

SPONTAN NEUERFUNDENE CHARAKTERE:

GETÖTETE CHARAKTERE:

ÄNDERUNGEN IN DER GESCHICHTE:

VERZWEIFLUNGSANFÄLLE:

SCHREIBSTIMMUNG:

ÜBERARBEITETE SEITEN:

GRÖSSTER Erfolg / GRÖSSTE Herausforderung

Motivationskurve

WITZIGSTE RECHERCHEERGEBNISSE

Tag 55 von 366 Tagen

PROJEKT

GENRE

DEADLINE

GEPLANTE WORTZAHL

GESCHRIEBENE WÖRTER HEUTE

GESCHRIEBENE WÖRTER GESAMT

HÖCHSTES *Tageswortziel* BISHER

Kaffee ☐ | ☐ Tee

WAS WAR DEIN HEUTIGER *Lieblingssatz*?

Imagination

SPONTAN NEUERFUNDENE CHARAKTERE:

GETÖTETE CHARAKTERE:

ÄNDERUNGEN IN DER GESCHICHTE:

VERZWEIFLUNGSANFÄLLE:

SCHREIBSTIMMUNG:

ÜBERARBEITETE SEITEN:

GRÖSSTER *Erfolg* | GRÖSSTE *Herausforderung*

Motivationskurve

WITZIGSTE RECHERCHEERGEBNISSE

Tag 56 von 366 Tagen

Projekt	Genre	Deadline
Geplante Wortzahl	Geschriebene Wörter heute	Geschriebene Wörter gesamt

HÖCHSTES Tageswortziel BISHER

Kaffee ☐ | ☐ Tee

WAS WAR DEIN HEUTIGER Lieblingssatz?

Spontan neuerfundene Charaktere:	Getötete Charaktere:	Änderungen in der Geschichte:
Verzweiflungsanfälle:	Schreibstimmung:	
Überarbeitete Seiten:		

GRÖSSTER Erfolg / GRÖSSTE Herausforderung

Motivationskurve

WITZIGSTE RECHERCHEERGEBNISSE

Tag 57 von 366 Tagen

PROJEKT	GENRE	DEADLINE
GEPLANTE WORTZAHL	GESCHRIEBENE WÖRTER HEUTE	GESCHRIEBENE WÖRTER GESAMT

HÖCHSTES Tageswortziel BISHER

Kaffee ☐ | ☐ Tee

WAS WAR DEIN HEUTIGER Lieblingssatz?

SPONTAN NEUERFUNDENE CHARAKTERE:

GETÖTETE CHARAKTERE:

ÄNDERUNGEN IN DER GESCHICHTE:

VERZWEIFLUNGSANFÄLLE:

SCHREIBSTIMMUNG:

ÜBERARBEITETE SEITEN:

GRÖSSTER Erfolg / GRÖSSTE Herausforderung

Motivationskurve

WITZIGSTE RECHERCHEERGEBNISSE

Tag 58 von 366 Tagen

Projekt	Genre	Deadline
Geplante Wortzahl	Geschriebene Wörter heute	Geschriebene Wörter gesamt

HÖCHSTES Tageswortziel BISHER

Kaffee ☐ | ☐ Tee

WAS WAR DEIN HEUTIGER Lieblingssatz?

Spontan neuerfundene Charaktere:	Getötete Charaktere:	Änderungen in der Geschichte:
Verzweiflungsanfälle:	Schreibstimmung:	
Überarbeitete Seiten:		

GRÖSSTER Erfolg | GRÖSSTE Herausforderung

Motivationskurve

WITZIGSTE RECHERCHEERGEBNISSE

Tag 59 von 366 Tagen

Projekt

Genre

Deadline

Geplante Wortzahl

Geschriebene Wörter heute

Geschriebene Wörter gesamt

HÖCHSTES Tageswortziel BISHER

Kaffee ☐ | ☐ Tee

WAS WAR DEIN HEUTIGER Lieblingssatz?

Spontan neuerfundene Charaktere:

Getötete Charaktere:

Änderungen in der Geschichte:

Verzweiflungsanfälle:

Schreibstimmung:

Überarbeitete Seiten:

Grösster Erfolg | Grösste Herausforderung

Motivationskurve

Witzigste Rechercheergebnisse

Tag 60 von 366 Tagen

IDEAS

PROJEKT

GENRE

DEADLINE

GEPLANTE WORTZAHL

GESCHRIEBENE WÖRTER HEUTE

GESCHRIEBENE WÖRTER GESAMT

HÖCHSTES **Tageswortziel** BISHER

Kaffee ☐ | ☐ Tee ☕ ☕ ☕ ☕ ☕ ☕ ☕ ☕

WAS WAR DEIN HEUTIGER **Lieblingssatz**?

Imagination

SPONTAN NEUERFUNDENE CHARAKTERE:

GETÖTETE CHARAKTERE:

ÄNDERUNGEN IN DER GESCHICHTE:

VERZWEIFLUNGSANFÄLLE:

SCHREIBSTIMMUNG: 😊 😌 😍 🤢 😖 😐 ○
                    😱 😭 😶 💭 😤 😎 ○

ÜBERARBEITETE SEITEN:

GRÖSSTER **Erfolg** / GRÖSSTE **Herausforderung**

Motivationskurve

WITZIGSTE RECHERCHEERGEBNISSE

Mein Schreibrückblick im Februar

Eine Geschichte
schreibt sich nicht von selbst.
Du bist es,
der die Geschichte
zum Leben erweckt.

Juliana Fabula

Mein Schreibziel im *März*

Projekt

Deadline

Tägliches Wörterziel

Gesamt Wortziel

Motivations-Monats-Mantra

Wichtige Infos zum *Projekt*?

To-Dos

1.
2.
3.
4.
5.
6.
7.
8.
9.
10.
11.
12.
13.
14.

Tag 61 von 366 Tagen

Projekt	Genre	Deadline

Geplante Wortzahl	Geschriebene Wörter heute	Geschriebene Wörter gesamt

HÖCHSTES Tageswortziel BISHER

Kaffee ☐ | ☐ Tee

WAS WAR DEIN HEUTIGER Lieblingssatz?

Spontan neuerfundene Charaktere:

Getötete Charaktere:

Änderungen in der Geschichte:

Verzweiflungsanfälle:

Schreibstimmung:

Überarbeitete Seiten:

Grösster Erfolg | Grösste Herausforderung

Motivationskurve

Witzigste Recherchergebnisse

Tag 62 von 366 Tagen

PROJEKT

GENRE

DEADLINE

GEPLANTE WORTZAHL

GESCHRIEBENE WÖRTER HEUTE

GESCHRIEBENE WÖRTER GESAMT

HÖCHSTES Tageswortziel BISHER

Kaffee ☐ | ☐ Tee

WAS WAR DEIN HEUTIGER Lieblingssatz?

SPONTAN NEUERFUNDENE CHARAKTERE:

GETÖTETE CHARAKTERE:

ÄNDERUNGEN IN DER GESCHICHTE:

VERZWEIFLUNGSANFÄLLE:

SCHREIBSTIMMUNG:

ÜBERARBEITETE SEITEN:

GRÖSSTER Erfolg / GRÖSSTE Herausforderung

Motivationskurve

WITZIGSTE RECHERCHEERGEBNISSE

Tag 63 von 366 Tagen

IDEAS

PROJEKT	GENRE	DEADLINE

GEPLANTE WORTZAHL	GESCHRIEBENE WÖRTER HEUTE	GESCHRIEBENE WÖRTER GESAMT

HÖCHSTES **Tageswortziel** BISHER

Kaffee ☐ | ☐ Tee ☕ ☕ ☕ ☕ ☕ ☕ ☕ ☕

WAS WAR DEIN HEUTIGER *Lieblingssatz*?

Imagination

SPONTAN NEUERFUNDENE CHARAKTERE:

GETÖTETE CHARAKTERE:

ÄNDERUNGEN IN DER GESCHICHTE:

VERZWEIFLUNGSANFÄLLE:

SCHREIBSTIMMUNG: 😊 😄 😍 🤔 😖 😐
                  😲 😭 😟 🙄 😠 😎

ÜBERARBEITETE SEITEN:

GRÖSSTER *Erfolg* | GRÖSSTE *Herausforderung*

Motivationskurve

WITZIGSTE RECHERCHEERGEBNISSE

Tag 64 von 366 Tagen

PROJEKT

GENRE

DEADLINE

GEPLANTE WORTZAHL

GESCHRIEBENE WÖRTER HEUTE

GESCHRIEBENE WÖRTER GESAMT

HÖCHSTES **Tageswortziel** BISHER

Kaffee ☐ | ☐ Tee

WAS WAR DEIN HEUTIGER *Lieblingssatz*?

SPONTAN NEUERFUNDENE CHARAKTERE:

GETÖTETE CHARAKTERE:

ÄNDERUNGEN IN DER GESCHICHTE:

VERZWEIFLUNGSANFÄLLE:

SCHREIBSTIMMUNG:

ÜBERARBEITETE SEITEN:

GRÖSSTER *Erfolg* | GRÖSSTE *Herausforderung*

Motivationskurve

WITZIGSTE RECHERCHEERGEBNISSE

Tag 65 von 366 Tagen

Projekt	Genre	Deadline

Geplante Wortzahl	Geschriebene Wörter heute	Geschriebene Wörter gesamt

HÖCHSTES Tageswortziel BISHER

Kaffee ☐ | ☐ Tee

Was war dein heutiger Lieblingssatz?

Spontan neuerfundene Charaktere:

Getötete Charaktere:

Änderungen in der Geschichte:

Verzweiflungsanfälle:

Schreibstimmung:

Überarbeitete Seiten:

Grösster Erfolg / Grösste Herausforderung

Motivationskurve

Witzigste Rechercheergebnisse

Tag 66 von 366 Tagen

PROJEKT

GENRE

DEADLINE

GEPLANTE WORTZAHL

GESCHRIEBENE WÖRTER HEUTE

GESCHRIEBENE WÖRTER GESAMT

HÖCHSTES **Tageswortziel** BISHER

Kaffee ☐ | ☐ Tee

WAS WAR DEIN HEUTIGER *Lieblingssatz*?

Imagination

SPONTAN NEUERFUNDENE CHARAKTERE:

GETÖTETE CHARAKTERE:

ÄNDERUNGEN IN DER GESCHICHTE:

VERZWEIFLUNGSANFÄLLE:

SCHREIBSTIMMUNG:

ÜBERARBEITETE SEITEN:

GRÖSSTER *Erfolg* | GRÖSSTE *Herausforderung*

Motivationskurve

WITZIGSTE RECHERCHEERGEBNISSE

Tag 67 von 366 Tagen

PROJEKT	GENRE	DEADLINE
GEPLANTE WORTZAHL	GESCHRIEBENE WÖRTER HEUTE	GESCHRIEBENE WÖRTER GESAMT

HÖCHSTES **Tageswortziel** BISHER

Kaffee ☐ | ☐ Tee

↳ WAS WAR DEIN HEUTIGER **Lieblingssatz**?

SPONTAN NEUERFUNDENE CHARAKTERE:

GETÖTETE CHARAKTERE:

ÄNDERUNGEN IN DER GESCHICHTE:

VERZWEIFLUNGSANFÄLLE:

SCHREIBSTIMMUNG:

ÜBERARBEITETE SEITEN:

GRÖSSTER **Erfolg** | GRÖSSTE **Herausforderung**

Motivationskurve

WITZIGSTE RECHERCHEERGEBNISSE

Tag 68 von 366 Tagen

PROJEKT

GENRE

DEADLINE

GEPLANTE WORTZAHL

GESCHRIEBENE WÖRTER HEUTE

GESCHRIEBENE WÖRTER GESAMT

HÖCHSTES **Tageswortziel** BISHER

Kaffee ☐ | ☐ Tee

↪ WAS WAR DEIN HEUTIGER **Lieblingssatz**?

SPONTAN NEUERFUNDENE CHARAKTERE:

GETÖTETE CHARAKTERE:

ÄNDERUNGEN IN DER GESCHICHTE:

VERZWEIFLUNGSANFÄLLE:

SCHREIBSTIMMUNG:

ÜBERARBEITETE SEITEN:

GRÖSSTER **Erfolg** | GRÖSSTE **Herausforderung**

Motivationskurve

WITZIGSTE RECHERCHEERGEBNISSE

Tag 69 von 366 Tagen

PROJEKT

GENRE

DEADLINE

GEPLANTE WORTZAHL

GESCHRIEBENE WÖRTER HEUTE

GESCHRIEBENE WÖRTER GESAMT

HÖCHSTES **Tageswortziel** BISHER

Kaffee ☐ | ☐ Tee ☕☕☕☕☕☕☕☕

WAS WAR DEIN HEUTIGER *Lieblingssatz*?

SPONTAN NEUERFUNDENE CHARAKTERE:

GETÖTETE CHARAKTERE:

ÄNDERUNGEN IN DER GESCHICHTE:

VERZWEIFLUNGSANFÄLLE:

SCHREIBSTIMMUNG:

ÜBERARBEITETE SEITEN:

GRÖSSTER *Erfolg* / GRÖSSTE *Herausforderung*

Motivationskurve

WITZIGSTE RECHERCHEERGEBNISSE

Tag 70 von 366 Tagen

PROJEKT

GENRE

DEADLINE

GEPLANTE WORTZAHL

GESCHRIEBENE WÖRTER HEUTE

GESCHRIEBENE WÖRTER GESAMT

HÖCHSTES Tageswortziel BISHER

Kaffee ☐ | ☐ Tee

WAS WAR DEIN HEUTIGER Lieblingssatz?

SPONTAN NEUERFUNDENE CHARAKTERE:

GETÖTETE CHARAKTERE:

ÄNDERUNGEN IN DER GESCHICHTE:

VERZWEIFLUNGSANFÄLLE:

SCHREIBSTIMMUNG:

ÜBERARBEITETE SEITEN:

GRÖSSTER Erfolg | GRÖSSTE Herausforderung

Motivationskurve

WITZIGSTE RECHERCHEERGEBNISSE

Tag 71 von 366 Tagen

PROJEKT

GENRE

DEADLINE

GEPLANTE WORTZAHL

GESCHRIEBENE WÖRTER HEUTE

GESCHRIEBENE WÖRTER GESAMT

HÖCHSTES **Tageswortziel** BISHER

Kaffee ☐ | ☐ Tee

WAS WAR DEIN HEUTIGER **Lieblingssatz**?

Imagination

SPONTAN NEUERFUNDENE CHARAKTERE:

GETÖTETE CHARAKTERE:

ÄNDERUNGEN IN DER GESCHICHTE:

VERZWEIFLUNGSANFÄLLE:

SCHREIBSTIMMUNG:

ÜBERARBEITETE SEITEN:

GRÖSSTER **Erfolg** / GRÖSSTE **Herausforderung**

Motivationskurve

WITZIGSTE RECHERCHEERGEBNISSE

Tag 72 von 366 Tagen

Projekt

Genre

Deadline

Geplante Wortzahl

Geschriebene Wörter heute

Geschriebene Wörter gesamt

HÖCHSTES Tageswortziel BISHER

Kaffee ☐ | ☐ Tee

WAS WAR DEIN HEUTIGER Lieblingssatz?

Spontan neuerfundene Charaktere:

Getötete Charaktere:

Änderungen in der Geschichte:

Verzweiflungsanfälle:

Schreibstimmung:

Überarbeitete Seiten:

Grösster Erfolg | Grösste Herausforderung

Motivationskurve

Witzigste Rechercheergebnisse

Tag 73 von 366 Tagen

Projekt

Genre

Deadline

Geplante Wortzahl

Geschriebene Wörter heute

Geschriebene Wörter gesamt

HÖCHSTES **Tageswortziel** BISHER

Kaffee ☐ | ☐ Tee

WAS WAR DEIN HEUTIGER **Lieblingssatz**?

Spontan neuerfundene Charaktere:

Getötete Charaktere:

Änderungen in der Geschichte:

Verzweiflungsanfälle:

Schreibstimmung:

Überarbeitete Seiten:

Grösster **Erfolg** | Grösste **Herausforderung**

Motivationskurve

Witzigste Rechercheergebnisse

73

Tag 74 von 366 Tagen

PROJEKT   GENRE   DEADLINE

GEPLANTE WORTZAHL   GESCHRIEBENE WÖRTER HEUTE   GESCHRIEBENE WÖRTER GESAMT

HÖCHSTES **Tageswortziel** BISHER

Kaffee ☐ | ☐ Tee

WAS WAR DEIN HEUTIGER *Lieblingssatz* ?

SPONTAN NEUERFUNDENE CHARAKTERE: GETÖTETE CHARAKTERE: ÄNDERUNGEN IN DER GESCHICHTE:

VERZWEIFLUNGSANFÄLLE: SCHREIBSTIMMUNG:

ÜBERARBEITETE SEITEN:

GRÖSSTER *Erfolg* | GRÖSSTE *Herausforderung*   **Motivationskurve**

WITZIGSTE RECHERCHEERGEBNISSE

Tag 75 von 366 Tagen

Projekt ....

Genre ....

Deadline ....

Geplante Wortzahl ....

Geschriebene Wörter heute ....

Geschriebene Wörter gesamt ....

HÖCHSTES Tageswortziel BISHER [_____]

Kaffee ☐ | ☐ Tee ☕ ☕ ☕ ☕ ☕ ☕ ☕ ☕

↙ WAS WAR DEIN HEUTIGER Lieblingssatz?

[   ]

Spontan neuerfundene Charaktere: ....

Getötete Charaktere: ....

Änderungen in der Geschichte: ....

Verzweiflungsanfälle: ....

Schreibstimmung: 😊 😄 😍 🤢 🤮 😐 😲 😷 😟 😳 😎 ⚪

Überarbeitete Seiten: ....

Grösster Erfolg / Grösste Herausforderung

[   ]

Motivationskurve

Witzigste Rechercheergebnisse

[   ]

Tag 76 von 366 Tagen

PROJEKT .... GENRE .... DEADLINE ....

GEPLANTE WORTZAHL .... GESCHRIEBENE WÖRTER HEUTE .... GESCHRIEBENE WÖRTER GESAMT ....

HÖCHSTES Tageswortziel BISHER

Kaffee ☐ | ☐ Tee

WAS WAR DEIN HEUTIGER Lieblingssatz?

SPONTAN NEUERFUNDENE CHARAKTERE: .... GETÖTETE CHARAKTERE: .... ÄNDERUNGEN IN DER GESCHICHTE: ....

VERZWEIFLUNGSANFÄLLE: .... SCHREIBSTIMMUNG:

ÜBERARBEITETE SEITEN: ....

GRÖSSTER Erfolg | GRÖSSTE Herausforderung

Motivationskurve

WITZIGSTE RECHERCHEERGEBNISSE

Tag 77 von 366 Tagen

IDEAS

Projekt	Genre	Deadline
Geplante Wortzahl	Geschriebene Wörter heute	Geschriebene Wörter gesamt

---

HÖCHSTES **Tageswortziel** BISHER

Kaffee ☐ | ☐ Tee ☕ ☕ ☕ ☕ ☕ ☕ ☕ ☕

↙ WAS WAR DEIN HEUTIGER **Lieblingssatz**?

Imagination

Spontan neuerfundene Charaktere:	Getötete Charaktere:	Änderungen in der Geschichte:
Verzweiflungsanfälle:	Schreibstimmung: 😊 😌 🥰 😬 😖 😶	
Überarbeitete Seiten:	🙊 😭 😟 😐 😎	

GRÖSSTER *Erfolg* | GRÖSSTE *Herausforderung*

Motivationskurve

WITZIGSTE RECHERCHEERGEBNISSE

Tag 78 von 366 Tagen

PROJEKT

GENRE

DEADLINE

GEPLANTE WORTZAHL

GESCHRIEBENE WÖRTER HEUTE

GESCHRIEBENE WÖRTER GESAMT

HÖCHSTES **Tageswortziel** BISHER

Kaffee ☐ | ☐ Tee

WAS WAR DEIN HEUTIGER *Lieblingssatz*?

Imagination

SPONTAN NEUERFUNDENE CHARAKTERE:

GETÖTETE CHARAKTERE:

ÄNDERUNGEN IN DER GESCHICHTE:

VERZWEIFLUNGSANFÄLLE:

SCHREIBSTIMMUNG:

ÜBERARBEITETE SEITEN:

GRÖSSTER *Erfolg* | GRÖSSTE *Herausforderung*

Motivationskurve

WITZIGSTE RECHERCHEERGEBNISSE

Tag 79 von 366 Tagen

Projekt	Genre	Deadline
Geplante Wortzahl	Geschriebene Wörter heute	Geschriebene Wörter gesamt

---

HÖCHSTES Tageswortziel BISHER

Kaffee ☐ | ☐ Tee

WAS WAR DEIN HEUTIGER Lieblingssatz?

- Spontan neuerfundene Charaktere:
- Verzweiflungsanfälle:
- Überarbeitete Seiten:
- Getötete Charaktere:
- Schreibstimmung:
- Änderungen in der Geschichte:

GRÖSSTER Erfolg | GRÖSSTE Herausforderung

Motivationskurve

WITZIGSTE RECHERCHEERGEBNISSE

Tag 80 von 366 Tagen

PROJEKT

GENRE

DEADLINE

GEPLANTE WORTZAHL

GESCHRIEBENE WÖRTER HEUTE

GESCHRIEBENE WÖRTER GESAMT

HÖCHSTES Tageswortziel BISHER

Kaffee ☐ | ☐ Tee

WAS WAR DEIN HEUTIGER Lieblingssatz?

SPONTAN NEUERFUNDENE CHARAKTERE:

GETÖTETE CHARAKTERE:

ÄNDERUNGEN IN DER GESCHICHTE:

VERZWEIFLUNGSANFÄLLE:

SCHREIBSTIMMUNG:

ÜBERARBEITETE SEITEN:

GRÖSSTER Erfolg | GRÖSSTE Herausforderung

Motivationskurve

WITZIGSTE RECHERCHEERGEBNISSE

Tag 81 von 366 Tagen

Projekt

Genre

Deadline

Geplante Wortzahl

Geschriebene Wörter heute

Geschriebene Wörter gesamt

HÖCHSTES Tageswortziel BISHER

Kaffee ☐ | ☐ Tee

WAS WAR DEIN HEUTIGER Lieblingssatz?

Spontan neuerfundene Charaktere:

Getötete Charaktere:

Änderungen in der Geschichte:

Verzweiflungsanfälle:

Schreibstimmung:

Überarbeitete Seiten:

Grösster Erfolg / Grösste Herausforderung

Motivationskurve

Witzigste Rechercheergebnisse

Tag 82 von 366 Tagen

Projekt	Genre	Deadline
Geplante Wortzahl	Geschriebene Wörter heute	Geschriebene Wörter gesamt

Höchstes Tageswortziel bisher

Kaffee ☐ | ☐ Tee

Was war dein heutiger Lieblingssatz?

Spontan neuerfundene Charaktere:	Getötete Charaktere:	Änderungen in der Geschichte:
Verzweiflungsanfälle:	Schreibstimmung:	
Überarbeitete Seiten:		

Grösster Erfolg | Grösste Herausforderung

Motivationskurve

Witzigste Rechercheergebnisse

Tag 83 von 366 Tagen

Creativity

PROJEKT	GENRE	DEADLINE

GEPLANTE WORTZAHL	GESCHRIEBENE WÖRTER HEUTE	GESCHRIEBENE WÖRTER GESAMT

HÖCHSTES Tageswortziel BISHER

Kaffee ☐ | ☐ Tee ☕ ☕ ☕ ☕ ☕ ☕ ☕ ☕

WAS WAR DEIN HEUTIGER Lieblingssatz?

Imagination

- SPONTAN NEUERFUNDENE CHARAKTERE:
- VERZWEIFLUNGSANFÄLLE:
- ÜBERARBEITETE SEITEN:
- GETÖTETE CHARAKTERE:
- SCHREIBSTIMMUNG: 😊 😌 😍 😣 😖 😐 😫 😭 😨 ⚪ 😏 😎 ⚪
- ÄNDERUNGEN IN DER GESCHICHTE: ⚪ ⚪ ⚪ ⚪

GRÖSSTER *Erfolg* | GRÖSSTE *Herausforderung*

Motivationskurve

WITZIGSTE RECHERCHEERGEBNISSE

Tag 84 von 366 Tagen

PROJEKT

GENRE

DEADLINE

GEPLANTE WORTZAHL

GESCHRIEBENE WÖRTER HEUTE

GESCHRIEBENE WÖRTER GESAMT

HÖCHSTES Tageswortziel BISHER

Kaffee ☐ | ☐ **Tee**

WAS WAR DEIN HEUTIGER Lieblingssatz?

Imagination

SPONTAN NEUERFUNDENE CHARAKTERE:

GETÖTETE CHARAKTERE:

ÄNDERUNGEN IN DER GESCHICHTE:

VERZWEIFLUNGSANFÄLLE:

SCHREIBSTIMMUNG:

ÜBERARBEITETE SEITEN:

GRÖSSTER Erfolg | GRÖSSTE Herausforderung

Motivationskurve

WITZIGSTE RECHERCHEERGEBNISSE

Tag 85 von 366 Tagen

Projekt	Genre	Deadline
Geplante Wortzahl	Geschriebene Wörter heute	Geschriebene Wörter gesamt

HÖCHSTES Tageswortziel BISHER

Kaffee ☐ | ☐ Tee

Was war dein heutiger Lieblingssatz?

Spontan neuerfundene Charaktere:

Verzweiflungsanfälle:

Überarbeitete Seiten:

Getötete Charaktere:

Schreibstimmung:

Änderungen in der Geschichte:

Grösster Erfolg | Grösste Herausforderung

Motivationskurve

Witzigste Rechercheergebnisse

Tag 86 von 366 Tagen

Projekt .... Genre .... Deadline ....

Geplante Wortzahl .... Geschriebene Wörter heute .... Geschriebene Wörter gesamt ....

HÖCHSTES **Tageswortziel** BISHER [   ]

Kaffee ☐ | ☐ Tee ☕ ☕ ☕ ☕ ☕ ☕ ☕ ☕

↙ WAS WAR DEIN HEUTIGER *Lieblingssatz*?

[   ]

Imagination

Spontan neuerfundene Charaktere: .... Getötete Charaktere: .... Änderungen in der Geschichte: ....

Verzweiflungsanfälle: .... Schreibstimmung: 😊 😌 😍 🤢 🥴 😐 ○ ○

Überarbeitete Seiten: .... 😠 🤮 😢 😶 😤 😎 ○ ○

Grösster *Erfolg* | Grösste *Herausforderung*

[   ]   *Motivationskurve*

Witzigste Rechercheergebnisse
[   ]

Tag 87 von 366 Tagen

Projekt	Genre	Deadline

Geplante Wortzahl	Geschriebene Wörter heute	Geschriebene Wörter gesamt

---

HÖCHSTES Tageswortziel BISHER

Kaffee ☐ | ☐ Tee

WAS WAR DEIN HEUTIGER Lieblingssatz?

Spontan neuerfundene Charaktere:

Getötete Charaktere:

Änderungen in der Geschichte:

Verzweiflungsanfälle:

Schreibstimmung:

Überarbeitete Seiten:

GRÖSSTER Erfolg / GRÖSSTE Herausforderung

Motivationskurve

Witzigste Rechercheergebnisse

Tag 88 von 366 Tagen

PROJEKT

GENRE

DEADLINE

GEPLANTE WORTZAHL

GESCHRIEBENE WÖRTER HEUTE

GESCHRIEBENE WÖRTER GESAMT

HÖCHSTES Tageswortziel BISHER

Kaffee ☐ | ☐ Tee

WAS WAR DEIN HEUTIGER Lieblingssatz?

SPONTAN NEUERFUNDENE CHARAKTERE:

GETÖTETE CHARAKTERE:

ÄNDERUNGEN IN DER GESCHICHTE:

VERZWEIFLUNGSANFÄLLE:

SCHREIBSTIMMUNG:

ÜBERARBEITETE SEITEN:

GRÖSSTER Erfolg | GRÖSSTE Herausforderung

Motivationskurve

WITZIGSTE RECHERCHEERGEBNISSE

Tag 89 von 366 Tagen

IDEAS

Projekt	Genre	Deadline

Geplante Wortzahl	Geschriebene Wörter heute	Geschriebene Wörter gesamt

---

HÖCHSTES Tageswortziel BISHER

Kaffee ☐ | ☐ Tee ☕ ☕ ☕ ☕ ☕ ☕ ☕ ☕

WAS WAR DEIN HEUTIGER Lieblingssatz?

Spontan neuerfundene Charaktere:	Getötete Charaktere:	Änderungen in der Geschichte:
Verzweiflungsanfälle:	Schreibstimmung: 😊 😌 😍 😣 😵	
Überarbeitete Seiten:	🤐 😭 😮 😐 😎	

Grösster Erfolg / Grösste Herausforderung

Motivationskurve

Witzigste Rechercheergebnisse

Tag 90 von 366 Tagen

Projekt

Genre

Deadline

Geplante Wortzahl

Geschriebene Wörter heute

Geschriebene Wörter gesamt

HÖCHSTES **Tageswortziel** BISHER

Kaffee ☐ | ☐ Tee

← WAS WAR DEIN HEUTIGER *Lieblingssatz*?

Spontan neuerfundene Charaktere:

Getötete Charaktere:

Änderungen in der Geschichte:

Verzweiflungsanfälle:

Schreibstimmung:

Überarbeitete Seiten:

Grösster *Erfolg* | Grösste *Herausforderung*

Motivationskurve

Witzigste Rechercheergebnisse

Tag 91 von 366 Tagen

Projekt	Genre	Deadline
Geplante Wortzahl	Geschriebene Wörter heute	Geschriebene Wörter gesamt

HÖCHSTES Tageswortziel BISHER

Kaffee ☐ | ☐ Tee

WAS WAR DEIN HEUTIGER Lieblingssatz?

Spontan neuerfundene Charaktere:

Verzweiflungsanfälle:

Überarbeitete Seiten:

Getötete Charaktere:

Schreibstimmung:

Änderungen in der Geschichte:

GRÖSSTER Erfolg | GRÖSSTE Herausforderung

Motivationskurve

Witzigste Rechercheergebnisse

Mein Schreibrückblick im **März**

If there's a book
that you want to read,
but it hasn't been written yet,
then you must write it.

Toni Morrison

Mein Schreibziel im *April*

Projekt

Deadline

Tägliches Wörterziel

Gesamt Wortziel

Motivations-Monats-Mantra

Wichtige Infos zum *Projekt*?

To-Dos

1. ☐
2. ☐
3. ☐
4. ☐
5. ☐
6. ☐
7. ☐
8. ☐
9. ☐
10. ☐
11. ☐
12. ☐
13. ☐
14. ☐

Tag 92 von 366 Tagen

Projekt	Genre	Deadline
Geplante Wortzahl	Geschriebene Wörter heute	Geschriebene Wörter gesamt

HÖCHSTES Tageswortziel BISHER

Kaffee ☐ | ☐ Tee

WAS WAR DEIN HEUTIGER Lieblingssatz?

Spontan neuerfundene Charaktere:

Getötete Charaktere:

Änderungen in der Geschichte:

Verzweiflungsanfälle:

Schreibstimmung:

Überarbeitete Seiten:

GRÖSSTER Erfolg / GRÖSSTE Herausforderung

Motivationskurve

Witzigste Rechercheergebnisse

Tag 93 von 366 Tagen

PROJEKT | **GENRE** | **DEADLINE**

GEPLANTE WORTZAHL | **GESCHRIEBENE WÖRTER HEUTE** | **GESCHRIEBENE WÖRTER GESAMT**

HÖCHSTES **Tageswortziel** BISHER

Kaffee ☐ | ☐ Tee

WAS WAR DEIN HEUTIGER *Lieblingssatz*?

SPONTAN NEUERFUNDENE CHARAKTERE: | GETÖTETE CHARAKTERE: | ÄNDERUNGEN IN DER GESCHICHTE:

VERZWEIFLUNGSANFÄLLE: | SCHREIBSTIMMUNG:

ÜBERARBEITETE SEITEN:

GRÖSSTER *Erfolg* | GRÖSSTE *Herausforderung* | *Motivationskurve*

WITZIGSTE RECHERCHEERGEBNISSE

Tag 94 von 366 Tagen

Creativity

PROJEKT | GENRE | DEADLINE

GEPLANTE WORTZAHL | GESCHRIEBENE WÖRTER HEUTE | GESCHRIEBENE WÖRTER GESAMT

HÖCHSTES **Tageswortziel** BISHER

Kaffee ☐ | ☐ Tee

WAS WAR DEIN HEUTIGER **Lieblingssatz**?

Imagination

SPONTAN NEUERFUNDENE CHARAKTERE: | GETÖTETE CHARAKTERE: | ÄNDERUNGEN IN DER GESCHICHTE:

VERZWEIFLUNGSANFÄLLE: | SCHREIBSTIMMUNG:

ÜBERARBEITETE SEITEN:

GRÖSSTER *Erfolg* | GRÖSSTE *Herausforderung*

Motivationskurve

WITZIGSTE RECHERCHEERGEBNISSE

Tag 95 von 366 Tagen

IDEAS Projekt	Genre	Deadline
Geplante Wortzahl	Geschriebene Wörter heute	Geschriebene Wörter gesamt

HÖCHSTES Tageswortziel BISHER

Kaffee ☐ | ☐ Tee

WAS WAR DEIN HEUTIGER Lieblingssatz?

Spontan neuerfundene Charaktere:

Verzweiflungsanfälle:

Überarbeitete Seiten:

Getötete Charaktere:

Schreibstimmung:

Änderungen in der Geschichte:

GRÖSSTER Erfolg | GRÖSSTE Herausforderung

Motivationskurve

WITZIGSTE RECHERCHEERGEBNISSE

Tag 96 von 366 Tagen

Projekt

Genre

Deadline

Geplante Wortzahl

Geschriebene Wörter heute

Geschriebene Wörter gesamt

HÖCHSTES **Tageswortziel** BISHER

Kaffee ☐ | ☐ Tee

WAS WAR DEIN HEUTIGER *Lieblingssatz*?

Spontan neuerfundene Charaktere:

Getötete Charaktere:

Änderungen in der Geschichte:

Verzweiflungsanfälle:

Schreibstimmung:

Überarbeitete Seiten:

Grösster **Erfolg** / Grösste **Herausforderung**

Motivationskurve

Witzigste Recherchergebnisse

Tag 97 von 366 Tagen

Projekt .... Genre .... Deadline ....

Geplante Wortzahl .... Geschriebene Wörter heute .... Geschriebene Wörter gesamt ....

Höchstes **Tageswortziel** bisher

Kaffee ☐ | ☐ Tee ☕ ☕ ☕ ☕ ☕ ☕ ☕ ☕

Was war dein heutiger **Lieblingssatz**?

Spontan neuerfundene Charaktere: .... Getötete Charaktere: .... Änderungen in der Geschichte: ....

Verzweiflungsanfälle: .... Schreibstimmung: 😊 😄 😍 😒 🤢 😐

Überarbeitete Seiten: .... 😱 😨 😳 😕 😎

Grösster **Erfolg** | Grösste **Herausforderung**

Motivationskurve

Witzigste Rechercheergebnisse

Tag 98 von 366 Tagen

Projekt	Genre	Deadline
Geplante Wortzahl	Geschriebene Wörter heute	Geschriebene Wörter gesamt

HÖCHSTES Tageswortziel BISHER

Kaffee ☐ | ☐ Tee

↙ WAS WAR DEIN HEUTIGER Lieblingssatz?

Spontan neuerfundene Charaktere:

Getötete Charaktere:

Änderungen in der Geschichte:

Verzweiflungsanfälle:

Schreibstimmung:

Überarbeitete Seiten:

Grösster Erfolg / Grösste Herausforderung

Motivationskurve

Witzigste Rechercheergebnisse

Tag 99 von 366 Tagen

PROJEKT

GENRE

DEADLINE

GEPLANTE WORTZAHL

GESCHRIEBENE WÖRTER HEUTE

GESCHRIEBENE WÖRTER GESAMT

HÖCHSTES **Tageswortziel** BISHER

Kaffee ☐ | ☐ Tee

WAS WAR DEIN HEUTIGER *Lieblingssatz* ?

SPONTAN NEUERFUNDENE CHARAKTERE:

GETÖTETE CHARAKTERE:

ÄNDERUNGEN IN DER GESCHICHTE:

VERZWEIFLUNGSANFÄLLE:

SCHREIBSTIMMUNG:

ÜBERARBEITETE SEITEN:

GRÖSSTER *Erfolg* | GRÖSSTE *Herausforderung*

Motivationskurve

WITZIGSTE RECHERCHEERGEBNISSE

Tag 100 von 366 Tagen

Projekt	Genre	Deadline

Geplante Wortzahl	Geschriebene Wörter heute	Geschriebene Wörter gesamt

HÖCHSTES Tageswortziel BISHER

Kaffee ☐ | ☐ Tee

WAS WAR DEIN HEUTIGER Lieblingssatz?

Spontan neuerfundene Charaktere:	Getötete Charaktere:	Änderungen in der Geschichte:
Verzweiflungsanfälle:	Schreibstimmung:	
Überarbeitete Seiten:		

Grösster Erfolg | Grösste Herausforderung

Motivationskurve

Witzigste Rechercheergebnisse

Tag 101 von 366 Tagen

PROJEKT	GENRE	DEADLINE

GEPLANTE WORTZAHL	GESCHRIEBENE WÖRTER HEUTE	GESCHRIEBENE WÖRTER GESAMT

HÖCHSTES Tageswortziel BISHER

Kaffee ☐ | ☐ Tee

WAS WAR DEIN HEUTIGER Lieblingssatz?

SPONTAN NEUERFUNDENE CHARAKTERE:

GETÖTETE CHARAKTERE:

ÄNDERUNGEN IN DER GESCHICHTE:

VERZWEIFLUNGSANFÄLLE:

SCHREIBSTIMMUNG:

ÜBERARBEITETE SEITEN:

GRÖSSTER Erfolg | GRÖSSTE Herausforderung

Motivationskurve

WITZIGSTE RECHERCHEERGEBNISSE

Tag 102 von 366 Tagen

Projekt	Genre	Deadline
Geplante Wortzahl	Geschriebene Wörter heute	Geschriebene Wörter gesamt

HÖCHSTES Tageswortziel BISHER

Kaffee ☐ | ☐ Tee

WAS WAR DEIN HEUTIGER Lieblingssatz?

Spontan neuerfundene Charaktere:

Getötete Charaktere:

Änderungen in der Geschichte:

Verzweiflungsanfälle:

Schreibstimmung:

Überarbeitete Seiten:

GRÖSSTER Erfolg / GRÖSSTE Herausforderung

Motivationskurve

Witzigste Rechercheergebnisse

Tag 103 von 366 Tagen

Projekt

Genre

Deadline

Geplante Wortzahl

Geschriebene Wörter heute

Geschriebene Wörter gesamt

HÖCHSTES **Tageswortziel** BISHER

Kaffee ☐ | ☐ Tee ☕ ☕ ☕ ☕ ☕ ☕ ☕ ☕ ☕

↙ WAS WAR DEIN HEUTIGER *Lieblingssatz*?

Imagination

SPONTAN NEUERFUNDENE CHARAKTERE:

GETÖTETE CHARAKTERE:

ÄNDERUNGEN IN DER GESCHICHTE:

VERZWEIFLUNGSANFÄLLE:

SCHREIBSTIMMUNG: 😊 😌 😍 😔 🤢 😐 🤮 🫣 😢 😠 😎 ○ ○

ÜBERARBEITETE SEITEN:

GRÖSSTER *Erfolg* | GRÖSSTE *Herausforderung*

Motivationskurve

WITZIGSTE RECHERCHEERGEBNISSE

Tag 104 von 366 Tagen

Projekt	Genre	Deadline
Geplante Wortzahl	Geschriebene Wörter heute	Geschriebene Wörter gesamt

HÖCHSTES **Tageswortziel** BISHER

Kaffee ☐ | ☐ Tee

WAS WAR DEIN HEUTIGER **Lieblingssatz**?

Spontan neuerfundene Charaktere:	Getötete Charaktere:	Änderungen in der Geschichte:
Verzweiflungsanfälle:	Schreibstimmung:	
Überarbeitete Seiten:		

GRÖSSTER **Erfolg** | GRÖSSTE **Herausforderung**

Motivationskurve

Witzigste Rechercheergebnisse

Tag 105 von 366 Tagen

Projekt	Genre	Deadline
Geplante Wortzahl	Geschriebene Wörter heute	Geschriebene Wörter gesamt

HÖCHSTES Tageswortziel BISHER

Kaffee ☐ | ☐ Tee

WAS WAR DEIN HEUTIGER Lieblingssatz?

Spontan neuerfundene Charaktere:

Getötete Charaktere:

Änderungen in der Geschichte:

Verzweiflungsanfälle:

Schreibstimmung:

Überarbeitete Seiten:

Grösster Erfolg | Grösste Herausforderung

Motivationskurve

Witzigste Rechercheergebnisse

Tag 106 von 366 Tagen

Projekt	Genre	Deadline
Geplante Wortzahl	Geschriebene Wörter heute	Geschriebene Wörter gesamt

HÖCHSTES **Tageswortziel** BISHER

Kaffee ☐ | ☐ Tee

↳ WAS WAR DEIN HEUTIGER **Lieblingssatz**?

Spontan neuerfundene Charaktere:
Getötete Charaktere:
Änderungen in der Geschichte:
Verzweiflungsanfälle:
Schreibstimmung:
Überarbeitete Seiten:

GRÖSSTER *Erfolg* | GRÖSSTE *Herausforderung*

Motivationskurve

Witzigste Rechercheergebnisse

Tag 107 von 366 Tagen

IDEAS

PROJEKT

GENRE

DEADLINE

GEPLANTE WORTZAHL

GESCHRIEBENE WÖRTER HEUTE

GESCHRIEBENE WÖRTER GESAMT

HÖCHSTES Tageswortziel BISHER

Kaffee ☐ | ☐ Tee

WAS WAR DEIN HEUTIGER Lieblingssatz?

Imagination

SPONTAN NEUERFUNDENE CHARAKTERE:

GETÖTETE CHARAKTERE:

ÄNDERUNGEN IN DER GESCHICHTE:

VERZWEIFLUNGSANFÄLLE:

SCHREIBSTIMMUNG:

ÜBERARBEITETE SEITEN:

GRÖSSTER Erfolg | GRÖSSTE Herausforderung

Motivationskurve

WITZIGSTE RECHERCHEERGEBNISSE

Tag 108 von 366 Tagen

PROJEKT

GENRE

DEADLINE

GEPLANTE WORTZAHL

GESCHRIEBENE WÖRTER HEUTE

GESCHRIEBENE WÖRTER GESAMT

HÖCHSTES Tageswortziel BISHER

Kaffee ☐ | ☐ Tee

WAS WAR DEIN HEUTIGER Lieblingssatz?

SPONTAN NEUERFUNDENE CHARAKTERE:

GETÖTETE CHARAKTERE:

ÄNDERUNGEN IN DER GESCHICHTE:

VERZWEIFLUNGSANFÄLLE:

SCHREIBSTIMMUNG:

ÜBERARBEITETE SEITEN:

GRÖSSTER Erfolg / GRÖSSTE Herausforderung

Motivationskurve

WITZIGSTE RECHERCHEERGEBNISSE

Tag 109 von 366 Tagen

Creativity

PROJEKT

GENRE

DEADLINE

GEPLANTE WORTZAHL

GESCHRIEBENE WÖRTER HEUTE

GESCHRIEBENE WÖRTER GESAMT

HÖCHSTES Tageswortziel BISHER

Kaffee ☐ | ☐ Tee

WAS WAR DEIN HEUTIGER Lieblingssatz?

Imagination

SPONTAN NEUERFUNDENE CHARAKTERE:

GETÖTETE CHARAKTERE:

ÄNDERUNGEN IN DER GESCHICHTE:

VERZWEIFLUNGSANFÄLLE:

SCHREIBSTIMMUNG:

ÜBERARBEITETE SEITEN:

GRÖSSTER Erfolg | GRÖSSTE Herausforderung

Motivationskurve

WITZIGSTE RECHERCHEERGEBNISSE

Tag 110 von 366 Tagen

Projekt	Genre	Deadline
Geplante Wortzahl	Geschriebene Wörter heute	Geschriebene Wörter gesamt

HÖCHSTES Tageswortziel BISHER

Kaffee ☐ | ☐ Tee

WAS WAR DEIN HEUTIGER Lieblingssatz?

Spontan neuerfundene Charaktere:	Getötete Charaktere:	Änderungen in der Geschichte:
Verzweiflungsanfälle:	Schreibstimmung:	
Überarbeitete Seiten:		

GRÖSSTER *Erfolg* / GRÖSSTE *Herausforderung*

Motivationskurve

Witzigste Rechercheergebnisse

Tag 111 von 366 Tagen

PROJEKT | GENRE | DEADLINE

GEPLANTE WORTZAHL | GESCHRIEBENE WÖRTER HEUTE | GESCHRIEBENE WÖRTER GESAMT

HÖCHSTES **Tageswortziel** BISHER

Kaffee ☐ | ☐ Tee

WAS WAR DEIN HEUTIGER *Lieblingssatz*?

Imagination

SPONTAN NEUERFUNDENE CHARAKTERE: | GETÖTETE CHARAKTERE: | ÄNDERUNGEN IN DER GESCHICHTE:

VERZWEIFLUNGSANFÄLLE: | SCHREIBSTIMMUNG:

ÜBERARBEITETE SEITEN:

GRÖSSTER *Erfolg* | GRÖSSTE *Herausforderung*

Motivationskurve

WITZIGSTE RECHERCHEERGEBNISSE

Tag 112 von 366 Tagen

PROJEKT	GENRE	DEADLINE

GEPLANTE WORTZAHL	GESCHRIEBENE WÖRTER HEUTE	GESCHRIEBENE WÖRTER GESAMT

HÖCHSTES Tageswortziel BISHER

Kaffee ☐ | ☐ Tee

↳ **WAS WAR DEIN HEUTIGER Lieblingssatz?**

SPONTAN NEUERFUNDENE CHARAKTERE:

VERZWEIFLUNGSANFÄLLE:

ÜBERARBEITETE SEITEN:

GETÖTETE CHARAKTERE:

SCHREIBSTIMMUNG:

ÄNDERUNGEN IN DER GESCHICHTE:

GRÖSSTER *Erfolg* | GRÖSSTE *Herausforderung*

Motivationskurve

WITZIGSTE RECHERCHEERGEBNISSE

Tag 113 von 366 Tagen

PROJEKT	GENRE	DEADLINE

GEPLANTE WORTZAHL	GESCHRIEBENE WÖRTER HEUTE	GESCHRIEBENE WÖRTER GESAMT

HÖCHSTES *Tageswortziel* BISHER

Kaffee ☐ | ☐ Tee

WAS WAR DEIN HEUTIGER *Lieblingssatz*?

SPONTAN NEUERFUNDENE CHARAKTERE: GETÖTETE CHARAKTERE: ÄNDERUNGEN IN DER GESCHICHTE:

VERZWEIFLUNGSANFÄLLE: SCHREIBSTIMMUNG:

ÜBERARBEITETE SEITEN:

GRÖSSTER *Erfolg* | GRÖSSTE *Herausforderung*

Motivationskurve

WITZIGSTE RECHERCHEERGEBNISSE

Tag 114 von 366 Tagen

Projekt

Genre

Deadline

Geplante Wortzahl

Geschriebene Wörter heute

Geschriebene Wörter gesamt

HÖCHSTES Tageswortziel BISHER

Kaffee ☐ | ☐ Tee

WAS WAR DEIN HEUTIGER Lieblingssatz?

Spontan neuerfundene Charaktere:

Getötete Charaktere:

Änderungen in der Geschichte:

Verzweiflungsanfälle:

Schreibstimmung:

Überarbeitete Seiten:

Grösster Erfolg / Grösste Herausforderung

Motivationskurve

Witzigste Rechercheergebnisse

Tag 115 von 366 Tagen

PROJEKT

GENRE

DEADLINE

GEPLANTE WORTZAHL

GESCHRIEBENE WÖRTER HEUTE

GESCHRIEBENE WÖRTER GESAMT

HÖCHSTES Tageswortziel BISHER

Kaffee ☐ | ☐ Tee

WAS WAR DEIN HEUTIGER Lieblingssatz?

SPONTAN NEUERFUNDENE CHARAKTERE:

GETÖTETE CHARAKTERE:

ÄNDERUNGEN IN DER GESCHICHTE:

VERZWEIFLUNGSANFÄLLE:

SCHREIBSTIMMUNG:

ÜBERARBEITETE SEITEN:

GRÖSSTER Erfolg | GRÖSSTE Herausforderung

Motivationskurve

WITZIGSTE RECHERCHEERGEBNISSE

Tag 116 von 366 Tagen

Projekt	Genre	Deadline

Geplante Wortzahl	Geschriebene Wörter heute	Geschriebene Wörter gesamt

HÖCHSTES Tageswortziel BISHER

Kaffee ☐ | ☐ Tee ☕ ☕ ☕ ☕ ☕ ☕ ☕ ☕

WAS WAR DEIN HEUTIGER Lieblingssatz?

Spontan neuerfundene Charaktere:

Verzweiflungsanfälle:

Überarbeitete Seiten:

Getötete Charaktere:

Schreibstimmung: 😊 😄 😍 🤧 😐 ⚪ ⚪
😱 😭 😟 ⚪ 😠 😎 ⚪

GRÖSSTER Erfolg / GRÖSSTE Herausforderung

Motivationskurve

WITZIGSTE RECHERCHEERGEBNISSE

Tag 117 von 366 Tagen

PROJEKT

GENRE

DEADLINE

GEPLANTE WORTZAHL

GESCHRIEBENE WÖRTER HEUTE

GESCHRIEBENE WÖRTER GESAMT

HÖCHSTES **Tageswortziel** BISHER

Kaffee ☐ | ☐ Tee

WAS WAR DEIN HEUTIGER *Lieblingssatz*?

SPONTAN NEUERFUNDENE CHARAKTERE:

GETÖTETE CHARAKTERE:

ÄNDERUNGEN IN DER GESCHICHTE:

VERZWEIFLUNGSANFÄLLE:

SCHREIBSTIMMUNG:

ÜBERARBEITETE SEITEN:

GRÖSSTER *Erfolg* | GRÖSSTE *Herausforderung*

Motivationskurve

WITZIGSTE RECHERCHEERGEBNISSE

Tag 118 von 366 Tagen

Projekt	Genre	Deadline
Geplante Wortzahl	Geschriebene Wörter heute	Geschriebene Wörter gesamt

HÖCHSTES *Tageswortziel* BISHER

Kaffee ☐ | ☐ Tee

WAS WAR DEIN HEUTIGER *Lieblingssatz*?

SPONTAN NEUERFUNDENE CHARAKTERE:

GETÖTETE CHARAKTERE:

ÄNDERUNGEN IN DER GESCHICHTE:

VERZWEIFLUNGSANFÄLLE:

SCHREIBSTIMMUNG:

ÜBERARBEITETE SEITEN:

GRÖSSTER *Erfolg* / GRÖSSTE *Herausforderung*

Motivationskurve

WITZIGSTE RECHERCHEERGEBNISSE

Tag 119 von 366 Tagen

PROJEKT

GENRE

DEADLINE

GEPLANTE WORTZAHL

GESCHRIEBENE WÖRTER HEUTE

GESCHRIEBENE WÖRTER GESAMT

HÖCHSTES **Tageswortziel** BISHER

Kaffee ☐ | ☐ Tee

WAS WAR DEIN HEUTIGER *Lieblingssatz*?

SPONTAN NEUERFUNDENE CHARAKTERE:

GETÖTETE CHARAKTERE:

ÄNDERUNGEN IN DER GESCHICHTE:

VERZWEIFLUNGSANFÄLLE:

SCHREIBSTIMMUNG:

ÜBERARBEITETE SEITEN:

GRÖSSTER *Erfolg* | GRÖSSTE *Herausforderung*

Motivationskurve

WITZIGSTE RECHERCHEERGEBNISSE

Tag 120 von 366 Tagen

PROJEKT **GENRE** **DEADLINE**

GEPLANTE WORTZAHL **GESCHRIEBENE WÖRTER HEUTE** **GESCHRIEBENE WÖRTER GESAMT**

HÖCHSTES *Tageswortziel* BISHER

Kaffee ☐ | ☐ Tee

WAS WAR DEIN HEUTIGER *Lieblingssatz*?

SPONTAN NEUERFUNDENE CHARAKTERE: GETÖTETE CHARAKTERE: ÄNDERUNGEN IN DER GESCHICHTE:

VERZWEIFLUNGSANFÄLLE: SCHREIBSTIMMUNG:

ÜBERARBEITETE SEITEN:

GRÖSSTER *Erfolg* / GRÖSSTE *Herausforderung*

Motivationskurve

WITZIGSTE RECHERCHEERGEBNISSE

Tag 121 von 366 Tagen

PROJEKT   GENRE   DEADLINE

GEPLANTE WORTZAHL   GESCHRIEBENE WÖRTER HEUTE GESCHRIEBENE WÖRTER GESAMT

HÖCHSTES **Tageswortziel** BISHER

Kaffee ☐ | ☐ Tee ☕ ☕ ☕ ☕ ☕ ☕ ☕ ☕ ☕

WAS WAR DEIN HEUTIGER *Lieblingssatz*?

Imagination

SPONTAN NEUERFUNDENE CHARAKTERE: GETÖTETE CHARAKTERE: ÄNDERUNGEN IN DER GESCHICHTE:

VERZWEIFLUNGSANFÄLLE: SCHREIBSTIMMUNG: 😀 😊 😍 😖 🥴 😐
                                                    😨 😱 😢 😶 😎 ⊙
ÜBERARBEITETE SEITEN:

GRÖSSTER *Erfolg* | GRÖSSTE *Herausforderung*   *Motivationskurve*

WITZIGSTE RECHERCHEERGEBNISSE

Schreibgedanke:

Was sind Deine liebsten Sätze
aus Deinen bisherigen Geschichten?

Mein Schreibrückblick im *April*

Denke immer daran:
Irgendwann, wirst du
jemandes Lieblingsautor sein.

Mein Schreibziel im *Mai*

Projekt .... **Deadline** ....

Tägliches Wörterziel .... **Gesamt Wortziel** ....

Motivations-Monats-Mantra

Wichtige Infos zum *Projekt*?

To-Dos

1. .... ☐
2. .... ☐
3. .... ☐
4. .... ☐
5. .... ☐
6. .... ☐
7. .... ☐
8. .... ☐
9. .... ☐
10. .... ☐
11. .... ☐
12. .... ☐
13. .... ☐
14. .... ☐

Tag 122 von 366 Tagen

Projekt	Genre	Deadline

Geplante Wortzahl	Geschriebene Wörter heute	Geschriebene Wörter gesamt

---

HÖCHSTES Tageswortziel BISHER

Kaffee ☐ | ☐ Tee

WAS WAR DEIN HEUTIGER Lieblingssatz?

Spontan neuerfundene Charaktere:

Getötete Charaktere:

Änderungen in der Geschichte:

Verzweiflungsanfälle:

Schreibstimmung:

Überarbeitete Seiten:

Grösster Erfolg / Grösste Herausforderung

Motivationskurve

Witzigste Rechercheergebnisse

Tag 123 von 366 Tagen

IDEAS

PROJEKT | GENRE | DEADLINE

GEPLANTE WORTZAHL | GESCHRIEBENE WÖRTER HEUTE | GESCHRIEBENE WÖRTER GESAMT

HÖCHSTES **Tageswortziel** BISHER

Kaffee ☐ | ☐ Tee

WAS WAR DEIN HEUTIGER **Lieblingssatz**?

Imagination

SPONTAN NEUERFUNDENE CHARAKTERE: | GETÖTETE CHARAKTERE: | ÄNDERUNGEN IN DER GESCHICHTE:

VERZWEIFLUNGSANFÄLLE: | SCHREIBSTIMMUNG:

ÜBERARBEITETE SEITEN:

GRÖSSTER **Erfolg** / GRÖSSTE **Herausforderung**

Motivationskurve

WITZIGSTE RECHERCHEERGEBNISSE

Tag 124 von 366 Tagen

Projekt	Genre	Deadline
Geplante Wortzahl	Geschriebene Wörter heute	Geschriebene Wörter gesamt

---

HÖCHSTES Tageswortziel BISHER

Kaffee ☐ | ☐ Tee

WAS WAR DEIN HEUTIGER Lieblingssatz?

Spontan neuerfundene Charaktere:

Verzweiflungsanfälle:

Überarbeitete Seiten:

Getötete Charaktere:

Schreibstimmung:

Änderungen in der Geschichte:

GRÖSSTER *Erfolg* / GRÖSSTE *Herausforderung*

Motivationskurve

Witzigste Rechercheergebnisse

Tag 125 von 366 Tagen

PROJEKT

GENRE

DEADLINE

GEPLANTE WORTZAHL

GESCHRIEBENE WÖRTER HEUTE

GESCHRIEBENE WÖRTER GESAMT

HÖCHSTES Tageswortziel BISHER

Kaffee ☐ | ☐ Tee

WAS WAR DEIN HEUTIGER Lieblingssatz?

SPONTAN NEUERFUNDENE CHARAKTERE:

GETÖTETE CHARAKTERE:

ÄNDERUNGEN IN DER GESCHICHTE:

VERZWEIFLUNGSANFÄLLE:

SCHREIBSTIMMUNG:

ÜBERARBEITETE SEITEN:

GRÖSSTER Erfolg | GRÖSSTE Herausforderung

Motivationskurve

WITZIGSTE RECHERCHEERGEBNISSE

Tag 126 von 366 Tagen

Projekt	Genre	Deadline
Geplante Wortzahl	Geschriebene Wörter heute	Geschriebene Wörter gesamt

HÖCHSTES Tageswortziel BISHER

Kaffee ☐ | ☐ Tee

WAS WAR DEIN HEUTIGER Lieblingssatz?

Spontan neuerfundene Charaktere:

Verzweiflungsanfälle:

Überarbeitete Seiten:

Getötete Charaktere:

Schreibstimmung:

Änderungen in der Geschichte:

GRÖSSTER Erfolg | GRÖSSTE Herausforderung

Motivationskurve

Witzigste Rechercheergebnisse

Tag 127 von 366 Tagen

Projekt	Genre	Deadline

Geplante Wortzahl	Geschriebene Wörter heute	Geschriebene Wörter gesamt

HÖCHSTES Tageswortziel BISHER

Kaffee ☐ | ☐ Tee

Was war dein heutiger Lieblingssatz?

Spontan neuerfundene Charaktere:

Verzweiflungsanfälle:

Überarbeitete Seiten:

Getötete Charaktere:

Schreibstimmung:

Änderungen in der Geschichte:

Grösster Erfolg | Grösste Herausforderung

Motivationskurve

Witzigste Recherchergebnisse

Tag 128 von 366 Tagen

Projekt   **Genre**   **Deadline**

Geplante Wortzahl   **Geschriebene Wörter heute**   **Geschriebene Wörter gesamt**

HÖCHSTES Tageswortziel BISHER

Kaffee ☐ | ☐ **Tee**

WAS WAR DEIN HEUTIGER Lieblingssatz?

Spontan neuerfundene Charaktere:

Verzweiflungsanfälle:

Überarbeitete Seiten:

Getötete Charaktere:

Schreibstimmung:

Änderungen in der Geschichte:

GRÖSSTER Erfolg / GRÖSSTE Herausforderung

Motivationskurve

Witzigste Rechercheergebnisse

Tag 129 von 366 Tagen

Projekt	Genre	Deadline
Geplante Wortzahl	Geschriebene Wörter heute	Geschriebene Wörter gesamt

HÖCHSTES Tageswortziel BISHER

Kaffee ☐ | ☐ Tee

Was war dein heutiger Lieblingssatz?

Spontan neuerfundene Charaktere:	Getötete Charaktere:	Änderungen in der Geschichte:
Verzweiflungsanfälle:	Schreibstimmung:	
Überarbeitete Seiten:		

Grösster Erfolg | Grösste Herausforderung

Motivationskurve

Witzigste Rechercheergebnisse

Tag 130 von 366 Tagen

Projekt	Genre	Deadline

Geplante Wortzahl	Geschriebene Wörter heute	Geschriebene Wörter gesamt

HÖCHSTES Tageswortziel BISHER

Kaffee ☐ | ☐ Tee ☕ ☕ ☕ ☕ ☕ ☕ ☕ ☕

WAS WAR DEIN HEUTIGER Lieblingssatz?

- Spontan neuerfundene Charaktere:
- Verzweiflungsanfälle:
- Überarbeitete Seiten:

- Getötete Charaktere:
- Schreibstimmung: 😄 😊 😍 😫 😣 😐 ○ ○
  😵 😭 😳 ○ ○ 😠 😎 ○

- Änderungen in der Geschichte:

GRÖSSTER Erfolg / GRÖSSTE Herausforderung

Motivationskurve

WITZIGSTE RECHERCHEERGEBNISSE

Tag 131 von 366 Tagen

PROJEKT

GENRE

DEADLINE

GEPLANTE WORTZAHL

GESCHRIEBENE WÖRTER HEUTE

GESCHRIEBENE WÖRTER GESAMT

HÖCHSTES *Tageswortziel* BISHER

Kaffee ☐ | ☐ Tee

WAS WAR DEIN HEUTIGER *Lieblingssatz*?

SPONTAN NEUERFUNDENE CHARAKTERE:

GETÖTETE CHARAKTERE:

ÄNDERUNGEN IN DER GESCHICHTE:

VERZWEIFLUNGSANFÄLLE:

SCHREIBSTIMMUNG:

ÜBERARBEITETE SEITEN:

GRÖSSTER *Erfolg* | GRÖSSTE *Herausforderung*

Motivationskurve

WITZIGSTE RECHERCHEERGEBNISSE

Tag 132 von 366 Tagen

IDEAS

PROJEKT	GENRE	DEADLINE

GEPLANTE WORTZAHL	GESCHRIEBENE WÖRTER HEUTE	GESCHRIEBENE WÖRTER GESAMT

HÖCHSTES **Tageswortziel** BISHER

Kaffee ☐ | ☐ Tee ☕ ☕ ☕ ☕ ☕ ☕ ☕ ☕

↳ WAS WAR DEIN HEUTIGER **Lieblingssatz**?

Imagination

SPONTAN NEUERFUNDENE CHARAKTERE:	GETÖTETE CHARAKTERE:	ÄNDERUNGEN IN DER GESCHICHTE:
VERZWEIFLUNGSANFÄLLE:	SCHREIBSTIMMUNG:	
ÜBERARBEITETE SEITEN:		

GRÖSSTER *Erfolg* | GRÖSSTE *Herausforderung*

Motivationskurve

WITZIGSTE RECHERCHEERGEBNISSE

Tag 133 von 366 Tagen

PROJEKT | GENRE | DEADLINE

GEPLANTE WORTZAHL | GESCHRIEBENE WÖRTER HEUTE | GESCHRIEBENE WÖRTER GESAMT

HÖCHSTES *Tageswortziel* BISHER

Kaffee ☐ | ☐ Tee

WAS WAR DEIN HEUTIGER *Lieblingssatz*?

Imagination

SPONTAN NEUERFUNDENE CHARAKTERE: | GETÖTETE CHARAKTERE: | ÄNDERUNGEN IN DER GESCHICHTE:

VERZWEIFLUNGSANFÄLLE: | SCHREIBSTIMMUNG:

ÜBERARBEITETE SEITEN:

GRÖSSTER *Erfolg* | GRÖSSTE *Herausforderung*

Motivationskurve

WITZIGSTE RECHERCHEERGEBNISSE

Tag 134 von 366 Tagen

Projekt | **Genre** | **Deadline**

Geplante Wortzahl | **Geschriebene Wörter heute** | **Geschriebene Wörter gesamt**

HÖCHSTES Tageswortziel BISHER

Kaffee ☐ | ☐ **Tee**

WAS WAR DEIN HEUTIGER Lieblingssatz?

Spontan neuerfundene Charaktere:

Verzweiflungsanfälle:

Überarbeitete Seiten:

Getötete Charaktere:

Schreibstimmung:

Änderungen in der Geschichte:

Grösster Erfolg / Grösste Herausforderung

Motivationskurve

Witzigste Rechercheergebnisse

Tag 135 von 366 Tagen

Creativity

Projekt	Genre	Deadline

Geplante Wortzahl	Geschriebene Wörter heute	Geschriebene Wörter gesamt

HÖCHSTES Tageswortziel BISHER

Kaffee ☐ | ☐ Tee

WAS WAR DEIN HEUTIGER Lieblingssatz?

Imagination

Spontan neuerfundene Charaktere:	Getötete Charaktere:	Änderungen in der Geschichte:
Verzweiflungsanfälle:	Schreibstimmung:	
Überarbeitete Seiten:		

Grösster Erfolg / Grösste Herausforderung

Motivationskurve

Witzigste Rechercheergebnisse

Tag 136 von 366 Tagen

Projekt	Genre	Deadline
Geplante Wortzahl	Geschriebene Wörter heute	Geschriebene Wörter gesamt

---

HÖCHSTES **Tageswortziel** BISHER

Kaffee ☐ | ☐ Tee ☕ ☕ ☕ ☕ ☕ ☕ ☕ ☕

↙ WAS WAR DEIN HEUTIGER **Lieblingssatz**?

Spontan neuerfundene Charaktere:	Getötete Charaktere:	Änderungen in der Geschichte:
Verzweiflungsanfälle:	Schreibstimmung: 😊 😌 🥰 😢 😖 😐 ⭕ ⭕	
Überarbeitete Seiten:	😠 😭 😯 ⭕ ⭕ 🤨 😎 ⭕	

GRÖSSTER **Erfolg** / GRÖSSTE **Herausforderung**

Motivationskurve

WITZIGSTE RECHERCHEERGEBNISSE

Tag 137 von 366 Tagen

Projekt	Genre	Deadline
Geplante Wortzahl	Geschriebene Wörter heute	Geschriebene Wörter gesamt

HÖCHSTES **Tageswortziel** BISHER

Kaffee ☐ | ☐ Tee

Was war dein heutiger *Lieblingssatz*?

Imagination

Spontan neuerfundene Charaktere:

Getötete Charaktere:

Änderungen in der Geschichte:

Verzweiflungsanfälle:

Schreibstimmung:

Überarbeitete Seiten:

Grösster *Erfolg* | Grösste *Herausforderung*

Motivationskurve

Witzigste Recherchergebnisse

Tag 138 von 366 Tagen

Projekt

Genre

Deadline

Geplante Wortzahl

Geschriebene Wörter heute

Geschriebene Wörter gesamt

HÖCHSTES **Tageswortziel** BISHER

Kaffee ☐ | ☐ Tee

WAS WAR DEIN HEUTIGER **Lieblingssatz**?

Spontan neuerfundene Charaktere:

Getötete Charaktere:

Änderungen in der Geschichte:

Verzweiflungsanfälle:

Schreibstimmung:

Überarbeitete Seiten:

Grösster **Erfolg** | Grösste **Herausforderung**

Motivationskurve

Witzigste Rechercheergebnisse

Tag 139 von 366 Tagen

PROJEKT　　　　　　　　　GENRE　　　　　　　　　DEADLINE

GEPLANTE WORTZAHL　　　GESCHRIEBENE WÖRTER HEUTE　　　GESCHRIEBENE WÖRTER GESAMT

HÖCHSTES Tageswortziel BISHER

Kaffee ☐ | ☐ Tee

WAS WAR DEIN HEUTIGER Lieblingssatz?

SPONTAN NEUERFUNDENE CHARAKTERE:　　　GETÖTETE CHARAKTERE:　　　ÄNDERUNGEN IN DER GESCHICHTE:

VERZWEIFLUNGSANFÄLLE:　　　SCHREIBSTIMMUNG:

ÜBERARBEITETE SEITEN:

GRÖSSTER Erfolg | GRÖSSTE Herausforderung　　　Motivationskurve

WITZIGSTE RECHERCHEERGEBNISSE

Tag 140 von 366 Tagen

Projekt .... Genre .... Deadline ....

Geplante Wortzahl .... Geschriebene Wörter heute .... Geschriebene Wörter gesamt ....

HÖCHSTES **Tageswortziel** BISHER

Kaffee ☐ | ☐ Tee ☕ ☕ ☕ ☕ ☕ ☕ ☕ ☕

WAS WAR DEIN HEUTIGER **Lieblingssatz**?

Imagination

Spontan neuerfundene Charaktere: .... Getötete Charaktere: .... Änderungen in der Geschichte:

Verzweiflungsanfälle: .... Schreibstimmung: 😊 😄 🥰 🤢 😖 😐 ⭕

Überarbeitete Seiten: .... 😨 😭 🤗 😵 😠 😎 ⭕

GRÖSSTER **Erfolg** / GRÖSSTE **Herausforderung**

Motivationskurve

Witzigste Rechercheergebnisse

Tag 141 von 366 Tagen

PROJEKT

GENRE

DEADLINE

GEPLANTE WORTZAHL

GESCHRIEBENE WÖRTER HEUTE

GESCHRIEBENE WÖRTER GESAMT

HÖCHSTES **Tageswortziel** BISHER

Kaffee ☐ | ☐ Tee

WAS WAR DEIN HEUTIGER *Lieblingssatz*?

Imagination

SPONTAN NEUERFUNDENE CHARAKTERE:

GETÖTETE CHARAKTERE:

ÄNDERUNGEN IN DER GESCHICHTE:

VERZWEIFLUNGSANFÄLLE:

SCHREIBSTIMMUNG:

ÜBERARBEITETE SEITEN:

GRÖSSTER *Erfolg* | GRÖSSTE *Herausforderung*

Motivationskurve

WITZIGSTE RECHERCHEERGEBNISSE

Tag 142 von 366 Tagen

IDEAS

PROJEKT	GENRE	DEADLINE

GEPLANTE WORTZAHL	GESCHRIEBENE WÖRTER HEUTE	GESCHRIEBENE WÖRTER GESAMT

HÖCHSTES Tageswortziel BISHER

Kaffee ☐ | ☐ Tee

WAS WAR DEIN HEUTIGER Lieblingssatz?

Imagination

SPONTAN NEUERFUNDENE CHARAKTERE:	GETÖTETE CHARAKTERE:	ÄNDERUNGEN IN DER GESCHICHTE:
VERZWEIFLUNGSANFÄLLE:	SCHREIBSTIMMUNG:	
ÜBERARBEITETE SEITEN:		

GRÖSSTER Erfolg / GRÖSSTE Herausforderung

Motivationskurve

WITZIGSTE RECHERCHEERGEBNISSE

Tag 143 von 366 Tagen

PROJEKT	GENRE	DEADLINE
GEPLANTE WORTZAHL	GESCHRIEBENE WÖRTER HEUTE	GESCHRIEBENE WÖRTER GESAMT

HÖCHSTES *Tageswortziel* BISHER

Kaffee ☐ | ☐ Tee

WAS WAR DEIN HEUTIGER *Lieblingssatz*?

SPONTAN NEUERFUNDENE CHARAKTERE: GETÖTETE CHARAKTERE: ÄNDERUNGEN IN DER GESCHICHTE:

VERZWEIFLUNGSANFÄLLE: SCHREIBSTIMMUNG:

ÜBERARBEITETE SEITEN:

GRÖSSTER *Erfolg* | GRÖSSTE *Herausforderung*   *Motivationskurve*

WITZIGSTE RECHERCHEERGEBNISSE

: Tag 144 von 366 Tagen

Projekt
Genre
Deadline

Geplante Wortzahl
Geschriebene Wörter heute
Geschriebene Wörter gesamt

Höchstes Tageswortziel bisher

Kaffee ☐ | ☐ Tee

Was war dein heutiger Lieblingssatz?

Spontan neuerfundene Charaktere:
Getötete Charaktere:
Änderungen in der Geschichte:

Verzweiflungsanfälle:
Schreibstimmung:

Überarbeitete Seiten:

Grösster Erfolg | Grösste Herausforderung

Motivationskurve

Witzigste Rechercheergebnisse

144

Tag 145 von 366 Tagen

PROJEKT

GENRE

DEADLINE

GEPLANTE WORTZAHL

GESCHRIEBENE WÖRTER HEUTE

GESCHRIEBENE WÖRTER GESAMT

HÖCHSTES *Tageswortziel* BISHER

Kaffee ☐ | ☐ Tee

WAS WAR DEIN HEUTIGER *Lieblingssatz*?

SPONTAN NEUERFUNDENE CHARAKTERE:

GETÖTETE CHARAKTERE:

ÄNDERUNGEN IN DER GESCHICHTE:

VERZWEIFLUNGSANFÄLLE:

SCHREIBSTIMMUNG:

ÜBERARBEITETE SEITEN:

GRÖSSTER *Erfolg* | GRÖSSTE *Herausforderung*

Motivationskurve

WITZIGSTE RECHERCHEERGEBNISSE

Tag 146 von 366 Tagen

IDEAS

Projekt

Genre

Deadline

Geplante Wortzahl

Geschriebene Wörter heute

Geschriebene Wörter gesamt

HÖCHSTES **Tageswortziel** BISHER

Kaffee ☐ | ☐ Tee

WAS WAR DEIN HEUTIGER **Lieblingssatz**?

Spontan neuerfundene Charaktere:

Getötete Charaktere:

Änderungen in der Geschichte:

Verzweiflungsanfälle:

Schreibstimmung:

Überarbeitete Seiten:

GRÖSSTER **Erfolg** / GRÖSSTE **Herausforderung**

Motivationskurve

Witzigste Rechercheergebnisse

Tag 147 von 366 Tagen

Projekt	Genre	Deadline
Geplante Wortzahl	Geschriebene Wörter heute	Geschriebene Wörter gesamt

HÖCHSTES Tageswortziel BISHER

Kaffee ☐ | ☐ Tee ☕ ☕ ☕ ☕ ☕ ☕ ☕ ☕

WAS WAR DEIN HEUTIGER Lieblingssatz?

Spontan neuerfundene Charaktere: Getötete Charaktere: Änderungen in der Geschichte:

Verzweiflungsanfälle: Schreibstimmung: 😃 😊 😍 😬 😖 😐 ○ ○
Überarbeitete Seiten: 😳 😢 🤔 ○ 😠 😎 ○ ○

Grösster Erfolg | Grösste Herausforderung

Motivationskurve

Witzigste Rechercheergebnisse

… **Tag 148 von 366 Tagen**

Projekt   **Genre**   **Deadline**

Geplante Wortzahl   **Geschriebene Wörter heute**   **Geschriebene Wörter gesamt**

HÖCHSTES Tageswortziel BISHER [ ]

Kaffee ☐ | ☐ **Tee** ☕ ☕ ☕ ☕ ☕ ☕ ☕

WAS WAR DEIN HEUTIGER Lieblingssatz?

SPONTAN NEUERFUNDENE CHARAKTERE: **GETÖTETE CHARAKTERE:**   **ÄNDERUNGEN IN DER GESCHICHTE:**

VERZWEIFLUNGSANFÄLLE: **SCHREIBSTIMMUNG:**

ÜBERARBEITETE SEITEN:

GRÖSSTER Erfolg / GRÖSSTE Herausforderung

Motivationskurve

WITZIGSTE RECHERCHEERGEBNISSE

Tag 149 von 366 Tagen

PROJEKT

GENRE

DEADLINE

GEPLANTE WORTZAHL

GESCHRIEBENE WÖRTER HEUTE

GESCHRIEBENE WÖRTER GESAMT

HÖCHSTES Tageswortziel BISHER

Kaffee ☐ | ☐ Tee

WAS WAR DEIN HEUTIGER Lieblingssatz?

SPONTAN NEUERFUNDENE CHARAKTERE:

GETÖTETE CHARAKTERE:

ÄNDERUNGEN IN DER GESCHICHTE:

VERZWEIFLUNGSANFÄLLE:

SCHREIBSTIMMUNG:

ÜBERARBEITETE SEITEN:

GRÖSSTER Erfolg | GRÖSSTE Herausforderung

Motivationskurve

WITZIGSTE RECHERCHEERGEBNISSE

Tag 150 von 366 Tagen

Projekt	Genre	Deadline
Geplante Wortzahl	Geschriebene Wörter heute	Geschriebene Wörter gesamt

HÖCHSTES Tageswortziel BISHER

Kaffee ☐ | ☐ Tee

WAS WAR DEIN HEUTIGER Lieblingssatz?

Spontan neuerfundene Charaktere:

Getötete Charaktere:

Änderungen in der Geschichte:

Verzweiflungsanfälle:

Schreibstimmung:

Überarbeitete Seiten:

GRÖSSTER Erfolg | GRÖSSTE Herausforderung

Motivationskurve

Witzigste Recherchergebnisse

Tag 151 von 366 Tagen

PROJEKT	GENRE	DEADLINE
GEPLANTE WORTZAHL	GESCHRIEBENE WÖRTER HEUTE	GESCHRIEBENE WÖRTER GESAMT

HÖCHSTES Tageswortziel BISHER

Kaffee ☐ | ☐ Tee

WAS WAR DEIN HEUTIGER Lieblingssatz?

SPONTAN NEUERFUNDENE CHARAKTERE:	GETÖTETE CHARAKTERE:	ÄNDERUNGEN IN DER GESCHICHTE:
VERZWEIFLUNGSANFÄLLE:	SCHREIBSTIMMUNG:	
ÜBERARBEITETE SEITEN:		

GRÖSSTER Erfolg | GRÖSSTE Herausforderung

Motivationskurve

WITZIGSTE RECHERCHEERGEBNISSE

Tag 152 von 366 Tagen

Projekt	Genre	Deadline

Geplante Wortzahl	Geschriebene Wörter heute	Geschriebene Wörter gesamt

HÖCHSTES Tageswortziel BISHER

Kaffee ☐ | ☐ Tee

Was war dein heutiger Lieblingssatz?

Spontan neuerfundene Charaktere:	Getötete Charaktere:	Änderungen in der Geschichte:
Verzweiflungsanfälle:	Schreibstimmung:	
Überarbeitete Seiten:		

Grösster Erfolg / Grösste Herausforderung

Motivationskurve

Witzigste Rechercheergebnisse

Mein Schreibrückblick im *Mai*

Fill your paper with the breathings of your heart.

William Wordsworth

Mein Schreibziel im *Juni*

Projekt

Deadline

Tägliches Wörterziel

Gesamt Wortziel

Motivations-Monats-Mantra

Wichtige Infos zum *Projekt*?

To-Dos

1.
2.
3.
4.
5.
6.
7.
8.
9.
10.
11.
12.
13.
14.

Tag 153 von 366 Tagen

Creativity

PROJEKT	GENRE	DEADLINE

GEPLANTE WORTZAHL	GESCHRIEBENE WÖRTER HEUTE	GESCHRIEBENE WÖRTER GESAMT

HÖCHSTES Tageswortziel BISHER

Kaffee ☐ | ☐ Tee

WAS WAR DEIN HEUTIGER Lieblingssatz?

SPONTAN NEUERFUNDENE CHARAKTERE:

GETÖTETE CHARAKTERE:

ÄNDERUNGEN IN DER GESCHICHTE:

VERZWEIFLUNGSANFÄLLE:

SCHREIBSTIMMUNG:

ÜBERARBEITETE SEITEN:

GRÖSSTER Erfolg | GRÖSSTE Herausforderung

Motivationskurve

WITZIGSTE RECHERCHEERGEBNISSE

Tag 154 von 366 Tagen

PROJEKT

GENRE

DEADLINE

GEPLANTE WORTZAHL

GESCHRIEBENE WÖRTER HEUTE

GESCHRIEBENE WÖRTER GESAMT

HÖCHSTES Tageswortziel BISHER

Kaffee ☐ | ☐ Tee

WAS WAR DEIN HEUTIGER *Lieblingssatz*?

SPONTAN NEUERFUNDENE CHARAKTERE:

GETÖTETE CHARAKTERE:

ÄNDERUNGEN IN DER GESCHICHTE:

VERZWEIFLUNGSANFÄLLE:

SCHREIBSTIMMUNG:

ÜBERARBEITETE SEITEN:

GRÖSSTER *Erfolg* | GRÖSSTE *Herausforderung*

Motivationskurve

WITZIGSTE RECHERCHEERGEBNISSE

Tag 155 von 366 Tagen

Projekt	Genre	Deadline

Geplante Wortzahl	Geschriebene Wörter heute	Geschriebene Wörter gesamt

HÖCHSTES Tageswortziel BISHER

Kaffee ☐ | ☐ Tee

WAS WAR DEIN HEUTIGER Lieblingssatz?

Spontan neuerfundene Charaktere:

Getötete Charaktere:

Änderungen in der Geschichte:

Verzweiflungsanfälle:

Schreibstimmung:

Überarbeitete Seiten:

Grösster Erfolg / Grösste Herausforderung

Motivationskurve

Witzigste Rechercheergebnisse

Tag 156 von 366 Tagen

IDEAS
PROJEKT | GENRE | DEADLINE

GEPLANTE WORTZAHL | GESCHRIEBENE WÖRTER HEUTE | GESCHRIEBENE WÖRTER GESAMT

HÖCHSTES Tageswortziel BISHER

Kaffee ☐ | ☐ Tee

WAS WAR DEIN HEUTIGER Lieblingssatz?

Imagination

SPONTAN NEUERFUNDENE CHARAKTERE: | GETÖTETE CHARAKTERE: | ÄNDERUNGEN IN DER GESCHICHTE:

VERZWEIFLUNGSANFÄLLE: | SCHREIBSTIMMUNG:

ÜBERARBEITETE SEITEN:

GRÖSSTER Erfolg | GRÖSSTE Herausforderung

Motivationskurve

WITZIGSTE RECHERCHEERGEBNISSE

Tag 157 von 366 Tagen

PROJEKT — **GENRE** — **DEADLINE**

GEPLANTE WORTZAHL — **GESCHRIEBENE WÖRTER HEUTE** — **GESCHRIEBENE WÖRTER GESAMT**

HÖCHSTES Tageswortziel BISHER

Kaffee ☐ | ☐ Tee

WAS WAR DEIN HEUTIGER Lieblingssatz?

SPONTAN NEUERFUNDENE CHARAKTERE:

GETÖTETE CHARAKTERE:

ÄNDERUNGEN IN DER GESCHICHTE:

VERZWEIFLUNGSANFÄLLE:

SCHREIBSTIMMUNG:

ÜBERARBEITETE SEITEN:

GRÖSSTER Erfolg / GRÖSSTE Herausforderung

Motivationskurve

WITZIGSTE RECHERCHEERGEBNISSE

Tag 158 von 366 Tagen

PROJEKT

GENRE

DEADLINE

GEPLANTE WORTZAHL

GESCHRIEBENE WÖRTER HEUTE

GESCHRIEBENE WÖRTER GESAMT

HÖCHSTES **Tageswortziel** BISHER

Kaffee ☐ | ☐ Tee

WAS WAR DEIN HEUTIGER **Lieblingssatz**?

SPONTAN NEUERFUNDENE CHARAKTERE:

GETÖTETE CHARAKTERE:

ÄNDERUNGEN IN DER GESCHICHTE:

VERZWEIFLUNGSANFÄLLE:

SCHREIBSTIMMUNG:

ÜBERARBEITETE SEITEN:

GRÖSSTER **Erfolg** | GRÖSSTE **Herausforderung**

Motivationskurve

WITZIGSTE RECHERCHEERGEBNISSE

Tag 159 von 366 Tagen

Projekt	Genre	Deadline

Geplante Wortzahl	Geschriebene Wörter heute	Geschriebene Wörter gesamt

HÖCHSTES Tagesworziel BISHER

Kaffee ☐ | ☐ Tee

WAS WAR DEIN HEUTIGER Lieblingssatz?

- Spontan neuerfundene Charaktere:
- Verzweiflungsanfälle:
- Überarbeitete Seiten:

- Getötete Charaktere:
- Schreibstimmung:

- Änderungen in der Geschichte:

GRÖSSTER Erfolg | GRÖSSTE Herausforderung

Motivationskurve

Witzigste Recherergebnisse

Tag 160 von 366 Tagen

Projekt

Genre

Deadline

Geplante Wortzahl

Geschriebene Wörter heute

Geschriebene Wörter gesamt

HÖCHSTES Tageswortziel BISHER

Kaffee ☐ | ☐ Tee

WAS WAR DEIN HEUTIGER Lieblingssatz?

Imagination

Spontan neuerfundene Charaktere:

Getötete Charaktere:

Änderungen in der Geschichte:

Verzweiflungsanfälle:

Schreibstimmung:

Überarbeitete Seiten:

GRÖSSTER Erfolg | GRÖSSTE Herausforderung

Motivationskurve

Witzigste Rechercheergebnisse

Tag 161 von 366 Tagen

Projekt

Genre

Deadline

Geplante Wortzahl

Geschriebene Wörter heute

Geschriebene Wörter gesamt

HÖCHSTES Tageswortziel BISHER

Kaffee ☐ | ☐ Tee

WAS WAR DEIN HEUTIGER Lieblingssatz?

Spontan neuerfundene Charaktere:

Getötete Charaktere:

Änderungen in der Geschichte:

Verzweiflungsanfälle:

Schreibstimmung:

Überarbeitete Seiten:

Grösster Erfolg / Grösste Herausforderung

Motivationskurve

Witzigste Rechercheergebnisse

Tag 162 von 366 Tagen

Projekt	Genre	Deadline
Geplante Wortzahl	Geschriebene Wörter heute	Geschriebene Wörter gesamt

HÖCHSTES Tageswortziel BISHER

Kaffee ☐ | ☐ Tee

WAS WAR DEIN HEUTIGER Lieblingssatz?

Spontan neuerfundene Charaktere:

Verzweiflungsanfälle:

Überarbeitete Seiten:

Getötete Charaktere:

Schreibstimmung:

Änderungen in der Geschichte:

GRÖSSTER Erfolg | GRÖSSTE Herausforderung

Motivationskurve

Witzigste Rechercheergebnisse

Tag 163 von 366 Tagen

IDEAS

Projekt	Genre	Deadline
Geplante Wortzahl	Geschriebene Wörter heute	Geschriebene Wörter gesamt

---

HÖCHSTES Tageswortziel BISHER [ ]

Kaffee ☐ | ☐ Tee ☕ ☕ ☕ ☕ ☕ ☕ ☕ ☕

↘ WAS WAR DEIN HEUTIGER Lieblingssatz?

Imagination

Spontan neuerfundene Charaktere:	Getötete Charaktere:	Änderungen in der Geschichte:
Verzweiflungsanfälle:	Schreibstimmung: 😃 🙂 😍 😣 🤢 😐	○ ○ ○
Überarbeitete Seiten:	😵 😭 🥺 😮 🤪 😎	○ ○ ○

GRÖSSTER *Erfolg* / GRÖSSTE *Herausforderung*

Motivationskurve

WITZIGSTE RECHERCHEERGEBNISSE

Tag 164 von 366 Tagen

PROJEKT	GENRE	DEADLINE
GEPLANTE WORTZAHL	GESCHRIEBENE WÖRTER HEUTE	GESCHRIEBENE WÖRTER GESAMT

HÖCHSTES **Tageswortziel** BISHER

Kaffee ☐ | ☐ Tee

WAS WAR DEIN HEUTIGER *Lieblingssatz*?

SPONTAN NEUERFUNDENE CHARAKTERE:	GETÖTETE CHARAKTERE:	ÄNDERUNGEN IN DER GESCHICHTE:
VERZWEIFLUNGSANFÄLLE:	SCHREIBSTIMMUNG:	
ÜBERARBEITETE SEITEN:		

GRÖSSTER *Erfolg* | GRÖSSTE *Herausforderung*

Motivationskurve

WITZIGSTE RECHERCHEERGEBNISSE

164

Tag 165 von 366 Tagen

PROJEKT	GENRE	DEADLINE

GEPLANTE WORTZAHL	GESCHRIEBENE WÖRTER HEUTE	GESCHRIEBENE WÖRTER GESAMT

HÖCHSTES Tageswortziel BISHER

Kaffee ☐ | ☐ Tee

WAS WAR DEIN HEUTIGER Lieblingssatz?

SPONTAN NEUERFUNDENE CHARAKTERE:

GETÖTETE CHARAKTERE:

ÄNDERUNGEN IN DER GESCHICHTE:

VERZWEIFLUNGSANFÄLLE:

SCHREIBSTIMMUNG:

ÜBERARBEITETE SEITEN:

GRÖSSTER Erfolg / GRÖSSTE Herausforderung

Motivationskurve

WITZIGSTE RECHERCHEERGEBNISSE

Tag 166 von 366 Tagen

Projekt

Genre

Deadline

Geplante Wortzahl

Geschriebene Wörter heute

Geschriebene Wörter gesamt

HÖCHSTES **Tageswortziel** BISHER

Kaffee ☐ | ☐ Tee

WAS WAR DEIN HEUTIGER *Lieblingssatz*?

---

spontan neuerfundene Charaktere:

getötete Charaktere:

Änderungen in der Geschichte:

Verzweiflungsanfälle:

Schreibstimmung:

Überarbeitete Seiten:

Grösster *Erfolg* / Grösste **Herausforderung**

Motivationskurve

Witzigste Rechercheergebnisse

Tag 167 von 366 Tagen

IDEAS

PROJEKT	GENRE	DEADLINE
GEPLANTE WORTZAHL	GESCHRIEBENE WÖRTER HEUTE	GESCHRIEBENE WÖRTER GESAMT

HÖCHSTES **Tageswortziel** BISHER

Kaffee ☐ | ☐ Tee

WAS WAR DEIN HEUTIGER *Lieblingssatz*?

Imagination

- SPONTAN NEUERFUNDENE CHARAKTERE:
- GETÖTETE CHARAKTERE:
- ÄNDERUNGEN IN DER GESCHICHTE:
- VERZWEIFLUNGSANFÄLLE:
- SCHREIBSTIMMUNG:
- ÜBERARBEITETE SEITEN:

GRÖSSTER *Erfolg* / GRÖSSTE *Herausforderung*

Motivationskurve

WITZIGSTE RECHERCHEERGEBNISSE

Tag 168 von 366 Tagen

Projekt	Genre	Deadline
Geplante Wortzahl	Geschriebene Wörter heute	Geschriebene Wörter gesamt

HÖCHSTES Tageswortziel BISHER

Kaffee ☐ | ☐ Tee

WAS WAR DEIN HEUTIGER Lieblingssatz?

Spontan neuerfundene Charaktere:

Getötete Charaktere:

Änderungen in der Geschichte:

Verzweiflungsanfälle:

Schreibstimmung:

Überarbeitete Seiten:

Grösster Erfolg | Grösste Herausforderung

Motivationskurve

Witzigste Rechercheergebnisse

Tag 169 von 366 Tagen

Creativity

Projekt	Genre	Deadline

Geplante Wortzahl	Geschriebene Wörter heute	Geschriebene Wörter gesamt

HÖCHSTES Tageswortziel BISHER

Kaffee ☐ | ☐ Tee ☕ ☕ ☕ ☕ ☕ ☕ ☕

WAS WAR DEIN HEUTIGER Lieblingssatz?

Imagination

Spontan neuerfundene Charaktere:

Getötete Charaktere:

Änderungen in der Geschichte:

Verzweiflungsanfälle:

Schreibstimmung:

Überarbeitete Seiten:

GRÖSSTER *Erfolg* | GRÖSSTE *Herausforderung*

Motivationskurve

Witzigste Recherchergebnisse

Tag 170 von 366 Tagen

Projekt	Genre	Deadline
Geplante Wortzahl	Geschriebene Wörter heute	Geschriebene Wörter gesamt

HÖCHSTES **Tageswortziel** BISHER

Kaffee ☐ | ☐ Tee

Was war dein heutiger *Lieblingssatz*?

Spontan neuerfundene Charaktere:	Getötete Charaktere:	Änderungen in der Geschichte:
Verzweiflungsanfälle:	Schreibstimmung:	
Überarbeitete Seiten:		

Grösster *Erfolg* | Grösste *Herausforderung*

Motivationskurve

Witzigste Rechercheergebnisse

Tag 171 von 366 Tagen

Projekt   **Genre**   **Deadline**

Geplante Wortzahl   **Geschriebene Wörter heute**   **Geschriebene Wörter gesamt**

HÖCHSTES Tageswortziel BISHER

Kaffee ☐ | ☐ Tee

WAS WAR DEIN HEUTIGER Lieblingssatz?

Spontan neuerfundene Charaktere: **Getötete Charaktere:**   **Änderungen in der Geschichte:**

Verzweiflungsanfälle: **Schreibstimmung:**

Überarbeitete Seiten:

GRÖSSTER Erfolg | GRÖSSTE Herausforderung

Motivationskurve

Witzigste Rechercheergebnisse

Tag 172 von 366 Tagen

PROJEKT

GENRE

DEADLINE

GEPLANTE WORTZAHL

GESCHRIEBENE WÖRTER HEUTE

GESCHRIEBENE WÖRTER GESAMT

HÖCHSTES **Tageswortziel** BISHER

Kaffee ☐ | ☐ Tee

WAS WAR DEIN HEUTIGER **Lieblingssatz**?

Imagination

SPONTAN NEUERFUNDENE CHARAKTERE:

GETÖTETE CHARAKTERE:

ÄNDERUNGEN IN DER GESCHICHTE:

VERZWEIFLUNGSANFÄLLE:

SCHREIBSTIMMUNG:

ÜBERARBEITETE SEITEN:

GRÖSSTER **Erfolg** | GRÖSSTE **Herausforderung**

Motivationskurve

WITZIGSTE RECHERCHEERGEBNISSE

Tag 173 von 366 Tagen

IDEAS

PROJEKT

GENRE

DEADLINE

GEPLANTE WORTZAHL

GESCHRIEBENE WÖRTER HEUTE

GESCHRIEBENE WÖRTER GESAMT

HÖCHSTES **Tageswortziel** BISHER

Kaffee ☐ | ☐ Tee

WAS WAR DEIN HEUTIGER *Lieblingssatz*?

Imagination

SPONTAN NEUERFUNDENE CHARAKTERE:

GETÖTETE CHARAKTERE:

ÄNDERUNGEN IN DER GESCHICHTE:

VERZWEIFLUNGSANFÄLLE:

SCHREIBSTIMMUNG:

ÜBERARBEITETE SEITEN:

GRÖSSTER *Erfolg* / GRÖSSTE *Herausforderung*

Motivationskurve

WITZIGSTE RECHERCHEERGEBNISSE

Tag 174 von 366 Tagen

Projekt	Genre	Deadline
Geplante Wortzahl	Geschriebene Wörter heute	Geschriebene Wörter gesamt

HÖCHSTES Tageswortziel BISHER

Kaffee ☐ | ☐ Tee ☕ ☕ ☕ ☕ ☕ ☕ ☕ ☕

WAS WAR DEIN HEUTIGER Lieblingssatz?

Imagination

Spontan neuerfundene Charaktere:

Getötete Charaktere:

Änderungen in der Geschichte:

Verzweiflungsanfälle:

Schreibstimmung: 😊 😋 😍 🤐 😐 ○ ○ 😱 😢 😴 😠 😎 ○ ○

Überarbeitete Seiten:

Grösster Erfolg | Grösste Herausforderung

Motivationskurve

Witzigste Rechercheergebnisse

Tag 175 von 366 Tagen

Projekt

Genre

Deadline

Geplante Wortzahl

Geschriebene Wörter heute

Geschriebene Wörter gesamt

HÖCHSTES Tageswortziel BISHER

Kaffee ☐ | ☐ **Tee**

WAS WAR DEIN HEUTIGER Lieblingssatz?

Spontan neuerfundene Charaktere:

Getötete Charaktere:

Änderungen in der Geschichte:

Verzweiflungsanfälle:

Schreibstimmung:

Überarbeitete Seiten:

Grösster Erfolg / Grösste Herausforderung

Motivationskurve

Witzigste Rechercheergebnisse

Tag 176 von 366 Tagen

PROJEKT

GENRE

DEADLINE

GEPLANTE WORTZAHL

GESCHRIEBENE WÖRTER HEUTE

GESCHRIEBENE WÖRTER GESAMT

HÖCHSTES Tageswortziel BISHER

Kaffee ☐ | ☐ Tee

WAS WAR DEIN HEUTIGER Lieblingssatz?

SPONTAN NEUERFUNDENE CHARAKTERE:

GETÖTETE CHARAKTERE:

ÄNDERUNGEN IN DER GESCHICHTE:

VERZWEIFLUNGSANFÄLLE:

SCHREIBSTIMMUNG:

ÜBERARBEITETE SEITEN:

GRÖSSTER Erfolg | GRÖSSTE Herausforderung

Motivationskurve

WITZIGSTE RECHERCHEERGEBNISSE

Tag 177 von 366 Tagen

Creativity

Projekt	Genre	Deadline

Geplante Wortzahl	Geschriebene Wörter heute	Geschriebene Wörter gesamt

HÖCHSTES Tageswortziel BISHER

Kaffee ☐ | ☐ Tee

WAS WAR DEIN HEUTIGER Lieblingssatz?

Imagination

spontan neuerfundene Charaktere:	getötete Charaktere:	Änderungen in der Geschichte:
Verzweiflungsanfälle:	Schreibstimmung:	
Überarbeitete Seiten:		

GRÖSSTER Erfolg / GRÖSSTE Herausforderung

Motivationskurve

WITZIGSTE RECHERCHEERGEBNISSE

Tag 178 von 366 Tagen

IDEAS

PROJEKT

GENRE

DEADLINE

GEPLANTE WORTZAHL

GESCHRIEBENE WÖRTER HEUTE

GESCHRIEBENE WÖRTER GESAMT

HÖCHSTES Tageswortziel BISHER

Kaffee ☐ | ☐ Tee

WAS WAR DEIN HEUTIGER Lieblingssatz?

Imagination

SPONTAN NEUERFUNDENE CHARAKTERE:

GETÖTETE CHARAKTERE:

ÄNDERUNGEN IN DER GESCHICHTE:

VERZWEIFLUNGSANFÄLLE:

SCHREIBSTIMMUNG:

ÜBERARBEITETE SEITEN:

GRÖSSTER Erfolg | GRÖSSTE Herausforderung

Motivationskurve

WITZIGSTE RECHERCHEERGEBNISSE

Tag 179 von 366 Tagen

Projekt

Genre

Deadline

Geplante Wortzahl

Geschriebene Wörter heute

Geschriebene Wörter gesamt

HÖCHSTES Tageswortziel BISHER

Kaffee ☐ | ☐ **Tee**

Was war dein heutiger Lieblingssatz?

Spontan neuerfundene Charaktere:

Verzweiflungsanfälle:

Überarbeitete Seiten:

Getötete Charaktere:

Schreibstimmung:

Änderungen in der Geschichte:

Grösster Erfolg / Grösste Herausforderung

Motivationskurve

Witzigste Rechercheergebnisse

Tag 180 von 366 Tagen

PROJEKT

GENRE

DEADLINE

GEPLANTE WORTZAHL

GESCHRIEBENE WÖRTER HEUTE

GESCHRIEBENE WÖRTER GESAMT

HÖCHSTES *Tageswortziel* BISHER

Kaffee ☐ | ☐ Tee

Was war dein heutiger *Lieblingssatz*?

SPONTAN NEUERFUNDENE CHARAKTERE:

GETÖTETE CHARAKTERE:

ÄNDERUNGEN IN DER GESCHICHTE:

VERZWEIFLUNGSANFÄLLE:

SCHREIBSTIMMUNG:

ÜBERARBEITETE SEITEN:

GRÖSSTER *Erfolg* | GRÖSSTE *Herausforderung*

Motivationskurve

WITZIGSTE RECHERCHEERGEBNISSE

Tag 181 von 366 Tagen

Creativity

Projekt	Genre	Deadline

Geplante Wortzahl	Geschriebene Wörter heute	Geschriebene Wörter gesamt

HÖCHSTES Tageswortziel BISHER

Kaffee ☐ | ☐ Tee ☕ ☕ ☕ ☕ ☕ ☕ ☕

WAS WAR DEIN HEUTIGER Lieblingssatz?

Imagination

Spontan neuerfundene Charaktere:

Getötete Charaktere:

Änderungen in der Geschichte:

Verzweiflungsanfälle:

Schreibstimmung:

Überarbeitete Seiten:

GRÖSSTER *Erfolg* / GRÖSSTE *Herausforderung*

Motivationskurve

Witzigste Rechercheergebnisse

181

Tag 182 von 366 Tagen

Projekt	Genre	Deadline
Geplante Wortzahl	Geschriebene Wörter heute	Geschriebene Wörter gesamt

HÖCHSTES Tageswortziel BISHER

Kaffee ☐ | ☐ Tee

WAS WAR DEIN HEUTIGER Lieblingssatz?

Spontan neuerfundene Charaktere:

Getötete Charaktere:

Änderungen in der Geschichte:

Verzweiflungsanfälle:

Schreibstimmung:

Überarbeitete Seiten:

Grösster Erfolg | Grösste Herausforderung

Motivationskurve

Witzigste Recherchergebnisse

Schreibgedanke:

Was möchtest Du noch
(bzgl. Schreibhandwerk) lernen?
Setze Dir Ziele!

Mein Schreibrückblick im Juni

The secret of becoming a writer is to write, write and keep on writing.

Ken MacLeod

Mein Schreibziel im *Juli*

IDEAS

PROJEKT

DEADLINE

TÄGLICHES WÖRTERZIEL

GESAMT WORTZIEL

Motivations-Monats-Mantra

Wichtige Infos zum *Projekt*?

To-Dos

1. ☐
2. ☐
3. ☐
4. ☐
5. ☐
6. ☐
7. ☐
8. ☐
9. ☐
10. ☐
11. ☐
12. ☐
13. ☐
14. ☐

Tag 183 von 366 Tagen

Projekt | **Genre** | **Deadline**

Geplante Wortzahl | **Geschriebene Wörter heute** | **Geschriebene Wörter gesamt**

HÖCHSTES Tageswortziel BISHER

Kaffee ☐ | ☐ Tee

WAS WAR DEIN HEUTIGER Lieblingssatz?

Spontan neuerfundene Charaktere:

Getötete Charaktere:

Änderungen in der Geschichte:

Verzweiflungsanfälle:

Schreibstimmung:

Überarbeitete Seiten:

Grösster Erfolg / Grösste Herausforderung

Motivationskurve

Witzigste Recherchergebnisse

Tag 184 von 366 Tagen

Projekt

Genre

Deadline

Geplante Wortzahl

Geschriebene Wörter heute

Geschriebene Wörter gesamt

HÖCHSTES **Tageswortziel** BISHER

Kaffee ☐ | ☐ Tee

WAS WAR DEIN HEUTIGER *Lieblingssatz*?

Imagination

Spontan neuerfundene Charaktere:

Getötete Charaktere:

Änderungen in der Geschichte:

Verzweiflungsanfälle:

Schreibstimmung:

Überarbeitete Seiten:

Grösster **Erfolg** | Grösste **Herausforderung**

Motivationskurve

Witzigste Rechercheergebnisse

Tag 185 von 366 Tagen

Creativity

Projekt	Genre	Deadline
Geplante Wortzahl	Geschriebene Wörter heute	Geschriebene Wörter gesamt

HÖCHSTES *Tageswortziel* BISHER [   ]

Kaffee ☐ | ☐ Tee ☕ ☕ ☕ ☕ ☕ ☕ ☕ ☕

WAS WAR DEIN HEUTIGER *Lieblingssatz*?

Imagination

Spontan neuerfundene Charaktere: Getötete Charaktere: Änderungen in der Geschichte:

Verzweiflungsanfälle: Schreibstimmung: 😊 😊 😍 😜 😐 ⬤ ⬤

Überarbeitete Seiten: 😱 😭 😟 😳 😎 ⬤ ⬤

GRÖSSTER *Erfolg* | GRÖSSTE *Herausforderung*   *Motivationskurve*

WITZIGSTE RECHERCHEERGEBNISSE

Tag 186 von 366 Tagen

PROJEKT

GENRE

DEADLINE

GEPLANTE WORTZAHL

GESCHRIEBENE WÖRTER HEUTE

GESCHRIEBENE WÖRTER GESAMT

HÖCHSTES **Tageswortziel** BISHER

Kaffee ☐ | ☐ Tee

WAS WAR DEIN HEUTIGER **Lieblingssatz**?

Imagination

SPONTAN NEUERFUNDENE CHARAKTERE:

GETÖTETE CHARAKTERE:

ÄNDERUNGEN IN DER GESCHICHTE:

VERZWEIFLUNGSANFÄLLE:

SCHREIBSTIMMUNG:

ÜBERARBEITETE SEITEN:

GRÖSSTER *Erfolg* | GRÖSSTE *Herausforderung*

Motivationskurve

WITZIGSTE RECHERCHEERGEBNISSE

Tag 187 von 366 Tagen

PROJEKT	GENRE	DEADLINE
GEPLANTE WORTZAHL	GESCHRIEBENE WÖRTER HEUTE	GESCHRIEBENE WÖRTER GESAMT

HÖCHSTES **Tageswortziel** BISHER

Kaffee ☐ | ☐ Tee

WAS WAR DEIN HEUTIGER **Lieblingssatz**?

SPONTAN NEUERFUNDENE CHARAKTERE:

GETÖTETE CHARAKTERE:

ÄNDERUNGEN IN DER GESCHICHTE:

VERZWEIFLUNGSANFÄLLE:

SCHREIBSTIMMUNG:

ÜBERARBEITETE SEITEN:

GRÖSSTER *Erfolg* / GRÖSSTE *Herausforderung*

Motivationskurve

WITZIGSTE RECHERCHEERGEBNISSE

Tag 188 von 366 Tagen

PROJEKT

GENRE

DEADLINE

GEPLANTE WORTZAHL

GESCHRIEBENE WÖRTER HEUTE

GESCHRIEBENE WÖRTER GESAMT

HÖCHSTES Tageswortziel BISHER

Kaffee ☐ | ☐ Tee

WAS WAR DEIN HEUTIGER Lieblingssatz?

SPONTAN NEUERFUNDENE CHARAKTERE:

GETÖTETE CHARAKTERE:

ÄNDERUNGEN IN DER GESCHICHTE:

VERZWEIFLUNGSANFÄLLE:

SCHREIBSTIMMUNG:

ÜBERARBEITETE SEITEN:

GRÖSSTER Erfolg | GRÖSSTE Herausforderung

Motivationskurve

WITZIGSTE RECHERCHEERGEBNISSE

Tag 189 von 366 Tagen

Projekt

Genre

Deadline

Geplante Wortzahl

Geschriebene Wörter heute

Geschriebene Wörter gesamt

HÖCHSTES **Tageswortziel** BISHER

Kaffee ☐ | ☐ Tee ☕ ☕ ☕ ☕ ☕ ☕ ☕ ☕

WAS WAR DEIN HEUTIGER **Lieblingssatz**?

Spontan neuerfundene Charaktere:

Getötete Charaktere:

Änderungen in der Geschichte:

Verzweiflungsanfälle:

Schreibstimmung:

Überarbeitete Seiten:

GRÖSSTER **Erfolg** / GRÖSSTE **Herausforderung**

Motivationskurve

WITZIGSTE RECHERCHEERGEBNISSE

Tag 190 von 366 Tagen

PROJEKT .... GENRE .... DEADLINE ....

GEPLANTE WORTZAHL .... GESCHRIEBENE WÖRTER HEUTE .... GESCHRIEBENE WÖRTER GESAMT ....

HÖCHSTES **Tageswortziel** BISHER [............]

Kaffee ☐ | ☐ Tee ☕ ☕ ☕ ☕ ☕ ☕ ☕ ☕

WAS WAR DEIN HEUTIGER *Lieblingssatz* ?

SPONTAN NEUERFUNDENE CHARAKTERE: .... GETÖTETE CHARAKTERE: .... ÄNDERUNGEN IN DER GESCHICHTE: ....

VERZWEIFLUNGSANFÄLLE: .... SCHREIBSTIMMUNG: 😊 🙂 🥰 😣 😖 😐 ○ ○

ÜBERARBEITETE SEITEN: .... 😱 😭 😟 😵 😠 😎 ○ ○

GRÖSSTER *Erfolg* | GRÖSSTE *Herausforderung*

Motivationskurve

WITZIGSTE RECHERCHEERGEBNISSE

Tag 191 von 366 Tagen

Projekt

Genre

Deadline

Geplante Wortzahl

Geschriebene Wörter heute

Geschriebene Wörter gesamt

HÖCHSTES Tageswortziel BISHER

Kaffee ☐ | ☐ **Tee**

WAS WAR DEIN HEUTIGER Lieblingssatz?

Spontan neuerfundene Charaktere:

Getötete Charaktere:

Änderungen in der Geschichte:

Verzweiflungsanfälle:

Schreibstimmung:

Überarbeitete Seiten:

Grösster Erfolg / Grösste Herausforderung

Motivationskurve

Witzigste Rechercheergebnisse

Tag 192 von 366 Tagen

Projekt .... Genre .... Deadline ....

Geplante Wortzahl .... Geschriebene Wörter heute .... Geschriebene Wörter gesamt ....

HÖCHSTES Tageswortziel BISHER [   ]

Kaffee ☐ | ☐ Tee ☕ ☕ ☕ ☕ ☕ ☕ ☕ ☕ ☕ ☕

↙ WAS WAR DEIN HEUTIGER Lieblingssatz?

[   ]

Imagination

Spontan neuerfundene Charaktere: .... Getötete Charaktere: .... Änderungen in der Geschichte: ....

Verzweiflungsanfälle: ....

Überarbeitete Seiten: ....

Schreibstimmung: 😊 😌 😍 🤔 😖 😐 ◯ ◯
                 😲 😭 😟 😴 😎 ◯ ◯ ◯

GRÖSSTER Erfolg | GRÖSSTE Herausforderung

[   ]   Motivationskurve
                                          ↑
                                          └────────→

WITZIGSTE RECHERCHEERGEBNISSE

Tag 193 von 366 Tagen

IDEAS

Projekt

Genre

Deadline

Geplante Wortzahl

Geschriebene Wörter heute

Geschriebene Wörter gesamt

HÖCHSTES **Tageswortziel** BISHER

Kaffee ☐ | ☐ Tee

Was war dein heutiger Lieblingssatz?

Imagination

Spontan neuerfundene Charaktere:

Getötete Charaktere:

Änderungen in der Geschichte:

Verzweiflungsanfälle:

Schreibstimmung:

Überarbeitete Seiten:

Grösster **Erfolg** | Grösste **Herausforderung**

Motivationskurve

Witzigste Rechercheergebnisse

Tag 194 von 366 Tagen

PROJEKT	GENRE	DEADLINE
GEPLANTE WORTZAHL	GESCHRIEBENE WÖRTER HEUTE	GESCHRIEBENE WÖRTER GESAMT

HÖCHSTES **Tageswortziel** BISHER

Kaffee ☐ | ☐ Tee

WAS WAR DEIN HEUTIGER *Lieblingssatz*?

SPONTAN NEUERFUNDENE CHARAKTERE:	GETÖTETE CHARAKTERE:	ÄNDERUNGEN IN DER GESCHICHTE:
VERZWEIFLUNGSANFÄLLE:	SCHREIBSTIMMUNG:	
ÜBERARBEITETE SEITEN:		

GRÖSSTER *Erfolg* | GRÖSSTE *Herausforderung*

Motivationskurve

WITZIGSTE RECHERCHEERGEBNISSE

Tag 195 von 366 Tagen

Projekt

Genre

Deadline

Geplante Wortzahl

Geschriebene Wörter heute

Geschriebene Wörter gesamt

HÖCHSTES **Tageswortziel** BISHER

Kaffee ☐ | ☐ Tee

WAS WAR DEIN HEUTIGER **Lieblingssatz**?

Spontan neuerfundene Charaktere:

Getötete Charaktere:

Änderungen in der Geschichte:

Verzweiflungsanfälle:

Schreibstimmung:

Überarbeitete Seiten:

Grösster **Erfolg** | Grösste **Herausforderung**

Motivationskurve

Witzigste Recherceergebnisse

Tag 196 von 366 Tagen

PROJEKT .... GENRE .... DEADLINE ....

GEPLANTE WORTZAHL .... GESCHRIEBENE WÖRTER HEUTE .... GESCHRIEBENE WÖRTER GESAMT ....

HÖCHSTES **Tageswortziel** BISHER [   ]

Kaffee ☐ | ☐ Tee ☕☕☕☕☕☕☕☕☕

↪ WAS WAR DEIN HEUTIGER *Lieblingssatz*?

[   ]

Imagination

SPONTAN NEUERFUNDENE CHARAKTERE: .... GETÖTETE CHARAKTERE: .... ÄNDERUNGEN IN DER GESCHICHTE: ....

VERZWEIFLUNGSANFÄLLE: .... SCHREIBSTIMMUNG: 😀 🙂 😍 🤢 😖 😐 ⚪ ⚪

ÜBERARBEITETE SEITEN: .... 😱 🤐 😨 😶 😒 😎 ⚪ ⚪

GRÖSSTER *Erfolg* | GRÖSSTE *Herausforderung*   ↑ *Motivationskurve*

[   ]   →

WITZIGSTE RECHERCHEERGEBNISSE
[   ]

Tag 197 von 366 Tagen

PROJEKT — GENRE — DEADLINE

GEPLANTE WORTZAHL — GESCHRIEBENE WÖRTER HEUTE — GESCHRIEBENE WÖRTER GESAMT

HÖCHSTES Tageswortziel BISHER

Kaffee ☐ | ☐ Tee

WAS WAR DEIN HEUTIGER **Lieblingssatz**?

SPONTAN NEUERFUNDENE CHARAKTERE:
GETÖTETE CHARAKTERE:
ÄNDERUNGEN IN DER GESCHICHTE:
VERZWEIFLUNGSANFÄLLE:
SCHREIBSTIMMUNG:
ÜBERARBEITETE SEITEN:

GRÖSSTER *Erfolg* | GRÖSSTE *Herausforderung*

Motivationskurve

WITZIGSTE RECHERCHEERGEBNISSE

Tag 198 von 366 Tagen

IDEAS

Projekt	Genre	Deadline
Geplante Wortzahl	Geschriebene Wörter heute	Geschriebene Wörter gesamt

Höchstes Tageswortziel bisher

Kaffee ☐ | ☐ Tee

Was war dein heutiger Lieblingssatz?

Spontan neuerfundene Charaktere:

Getötete Charaktere:

Änderungen in der Geschichte:

Verzweiflungsanfälle:

Schreibstimmung:

Überarbeitete Seiten:

Grösster Erfolg | Grösste Herausforderung

Motivationskurve

Witzigste Rechercheergebnisse

Tag 199 von 366 Tagen

Projekt	Genre	Deadline

Geplante Wortzahl	Geschriebene Wörter heute	Geschriebene Wörter gesamt

HÖCHSTES Tageswortziel BISHER

Kaffee ☐ | ☐ Tee

WAS WAR DEIN HEUTIGER Lieblingssatz?

- Spontan neuerfundene Charaktere:
- Verzweiflungsanfälle:
- Überarbeitete Seiten:
- Getötete Charaktere:
- Schreibstimmung:
- Änderungen in der Geschichte:

GRÖSSTER Erfolg / GRÖSSTE Herausforderung

Motivationskurve

Witzigste Rechercheergebnisse

Tag 200 von 366 Tagen

PROJEKT

GENRE

DEADLINE

GEPLANTE WORTZAHL

GESCHRIEBENE WÖRTER HEUTE

GESCHRIEBENE WÖRTER GESAMT

HÖCHSTES **Tageswortziel** BISHER

Kaffee ☐ | ☐ Tee

WAS WAR DEIN HEUTIGER *Lieblingssatz*?

Imagination

SPONTAN NEUERFUNDENE CHARAKTERE:

GETÖTETE CHARAKTERE:

ÄNDERUNGEN IN DER GESCHICHTE:

VERZWEIFLUNGSANFÄLLE:

SCHREIBSTIMMUNG:

ÜBERARBEITETE SEITEN:

GRÖSSTER *Erfolg* | GRÖSSTE *Herausforderung*

Motivationskurve

WITZIGSTE RECHERCHEERGEBNISSE

Tag 201 von 366 Tagen

IDEAS

PROJEKT	GENRE	DEADLINE

GEPLANTE WORTZAHL	GESCHRIEBENE WÖRTER HEUTE	GESCHRIEBENE WÖRTER GESAMT

HÖCHSTES Tageswortziel BISHER

Kaffee ☐ | ☐ Tee

WAS WAR DEIN HEUTIGER Lieblingssatz?

Imagination

SPONTAN NEUERFUNDENE CHARAKTERE:

GETÖTETE CHARAKTERE:

ÄNDERUNGEN IN DER GESCHICHTE:

VERZWEIFLUNGSANFÄLLE:

SCHREIBSTIMMUNG:

ÜBERARBEITETE SEITEN:

GRÖSSTER *Erfolg* / GRÖSSTE *Herausforderung*

Motivationskurve

WITZIGSTE RECHERCHEERGEBNISSE

Tag 202 von 366 Tagen

Projekt

Genre

Deadline

Geplante Wortzahl

Geschriebene Wörter heute

Geschriebene Wörter gesamt

HÖCHSTES Tageswortziel BISHER

Kaffee ☐ | ☐ **Tee**

Was war dein heutiger Lieblingssatz?

Spontan neuerfundene Charaktere:

Getötete Charaktere:

Änderungen in der Geschichte:

Verzweiflungsanfälle:

Schreibstimmung:

Überarbeitete Seiten:

Grösster Erfolg | Grösste Herausforderung

Motivationskurve

Witzigste Rechercheergebnisse

Tag 203 von 366 Tagen

Creativity

Projekt	Genre	Deadline

Geplante Wortzahl	Geschriebene Wörter heute	Geschriebene Wörter gesamt

---

HÖCHSTES Tageswortziel BISHER

Kaffee ☐ | ☐ Tee ☕ ☕ ☕ ☕ ☕ ☕ ☕ ☕

WAS WAR DEIN HEUTIGER Lieblingssatz?

Imagination

Spontan neuerfundene Charaktere:

Getötete Charaktere:

Änderungen in der Geschichte:

Verzweiflungsanfälle:

Schreibstimmung: 😀 😊 😍 🤪 😵 😐 ⚪ ⚪

Überarbeitete Seiten: 😨 😱 😟 😳 😠 😎 ⚪ ⚪

GRÖSSTER *Erfolg* | GRÖSSTE *Herausforderung*

Motivationskurve

Witzigste Rechercheergebnisse

Tag 204 von 366 Tagen

Projekt

Genre

Deadline

Geplante Wortzahl

Geschriebene Wörter heute

Geschriebene Wörter gesamt

HÖCHSTES Tageswortziel BISHER

Kaffee ☐ | ☐ Tee

WAS WAR DEIN HEUTIGER Lieblingssatz?

Spontan neuerfundene Charaktere:

Getötete Charaktere:

Änderungen in der Geschichte:

Verzweiflungsanfälle:

Schreibstimmung:

Überarbeitete Seiten:

Grösster Erfolg | Grösste Herausforderung

Motivationskurve

Witzigste Rechercheergebnisse

Tag 205 von 366 Tagen

Projekt	Genre	Deadline
Geplante Wortzahl	Geschriebene Wörter heute	Geschriebene Wörter gesamt

HÖCHSTES Tageswortziel BISHER

Kaffee ☐ | ☐ Tee

WAS WAR DEIN HEUTIGER Lieblingssatz?

Spontan neuerfundene Charaktere:	Getötete Charaktere:	Änderungen in der Geschichte:
Verzweiflungsanfälle:	Schreibstimmung:	
Überarbeitete Seiten:		

GRÖSSTER Erfolg / GRÖSSTE Herausforderung

Motivationskurve

WITZIGSTE RECHERCHEERGEBNISSE

Tag 206 von 366 Tagen

Projekt

Genre

Deadline

Geplante Wortzahl

Geschriebene Wörter heute

Geschriebene Wörter gesamt

Höchstes Tageswortziel bisher

Kaffee ☐ | ☐ Tee

Was war dein heutiger Lieblingssatz?

Spontan neuerfundene Charaktere:

Getötete Charaktere:

Änderungen in der Geschichte:

Verzweiflungsanfälle:

Schreibstimmung:

Überarbeitete Seiten:

Grösster Erfolg / Grösste Herausforderung

Motivationskurve

Witzigste Rechercheergebnisse

Tag 207 von 366 Tagen

Creativity

Projekt	Genre	Deadline

Stay focus

Geplante Wortzahl	Geschriebene Wörter heute	Geschriebene Wörter gesamt

---

HÖCHSTES Tageswortziel BISHER [   ]

Kaffee ☐ | ☐ Tee ☕ ☕ ☕ ☕ ☕ ☕ ☕ ☕

↙ WAS WAR DEIN HEUTIGER **Lieblingssatz**?

[   ]

Imagination

Spontan neuerfundene Charaktere:	Getötete Charaktere:	Änderungen in der Geschichte:
Verzweiflungsanfälle:	Schreibstimmung: 😊 😊 😍 😋 😐 ◯ ◯	
Überarbeitete Seiten:	😨 😭 😟 😵 😎 ◯ ◯	

GRÖSSTER **Erfolg** | GRÖSSTE **Herausforderung**

[   ]   ↑ **Motivationskurve**

WITZIGSTE RECHERCHEERGEBNISSE

Tag 208 von 366 Tagen

PROJEKT

GENRE

DEADLINE

GEPLANTE WORTZAHL

GESCHRIEBENE WÖRTER HEUTE

GESCHRIEBENE WÖRTER GESAMT

HÖCHSTES Tageswortziel BISHER

Kaffee ☐ | ☐ Tee

WAS WAR DEIN HEUTIGER Lieblingssatz?

SPONTAN NEUERFUNDENE CHARAKTERE:

GETÖTETE CHARAKTERE:

ÄNDERUNGEN IN DER GESCHICHTE:

VERZWEIFLUNGSANFÄLLE:

SCHREIBSTIMMUNG:

ÜBERARBEITETE SEITEN:

GRÖSSTER Erfolg | GRÖSSTE Herausforderung

Motivationskurve

WITZIGSTE RECHERCHEERGEBNISSE

Tag 209 von 366 Tagen

Projekt   **Genre**   **Deadline**

Geplante Wortzahl   **Geschriebene Wörter heute**   **Geschriebene Wörter gesamt**

HÖCHSTES Tageswortziel BISHER

Kaffee ☐ | ☐ Tee

WAS WAR DEIN HEUTIGER Lieblingssatz?

Spontan neuerfundene Charaktere: **Getötete Charaktere:**   **Änderungen in der Geschichte:**

Verzweiflungsanfälle: **Schreibstimmung:**

Überarbeitete Seiten:

Grösster Erfolg / Grösste Herausforderung   **Motivationskurve**

Witzigste Rechercheergebnisse

Tag 210 von 366 Tagen

PROJEKT

GENRE

DEADLINE

GEPLANTE WORTZAHL

GESCHRIEBENE WÖRTER HEUTE

GESCHRIEBENE WÖRTER GESAMT

HÖCHSTES **Tageswortziel** BISHER

Kaffee ☐ | ☐ Tee

WAS WAR DEIN HEUTIGER *Lieblingssatz*?

SPONTAN NEUERFUNDENE CHARAKTERE:

GETÖTETE CHARAKTERE:

ÄNDERUNGEN IN DER GESCHICHTE:

VERZWEIFLUNGSANFÄLLE:

SCHREIBSTIMMUNG:

ÜBERARBEITETE SEITEN:

GRÖSSTER *Erfolg* | GRÖSSTE *Herausforderung*

Motivationskurve

WITZIGSTE RECHERCHEERGEBNISSE

Tag 211 von 366 Tagen

IDEAS

Projekt	Genre	Deadline

Geplante Wortzahl	Geschriebene Wörter heute	Geschriebene Wörter gesamt

HÖCHSTES Tageswortziel BISHER

Kaffee ☐ | ☐ Tee

WAS WAR DEIN HEUTIGER Lieblingssatz?

Imagination

- Spontan neuerfundene Charaktere:
- Getötete Charaktere:
- Änderungen in der Geschichte:
- Verzweiflungsanfälle:
- Schreibstimmung:
- Überarbeitete Seiten:

GRÖSSTER Erfolg | GRÖSSTE Herausforderung

Motivationskurve

Witzigste Rechercheergebnisse

Tag 212 von 366 Tagen

IDEAS | PROJEKT

GENRE

DEADLINE

GEPLANTE WORTZAHL

GESCHRIEBENE WÖRTER HEUTE

GESCHRIEBENE WÖRTER GESAMT

HÖCHSTES **Tageswortziel** BISHER

Kaffee ☐ | ☐ Tee

↙ WAS WAR DEIN HEUTIGER *Lieblingssatz*?

Imagination

SPONTAN NEUERFUNDENE CHARAKTERE:

GETÖTETE CHARAKTERE:

ÄNDERUNGEN IN DER GESCHICHTE:

VERZWEIFLUNGSANFÄLLE:

SCHREIBSTIMMUNG:

ÜBERARBEITETE SEITEN:

GRÖSSTER *Erfolg* | GRÖSSTE *Herausforderung*

Motivationskurve

WITZIGSTE RECHERCHEERGEBNISSE

212

Tag 213 von 366 Tagen

Creativity

PROJEKT

GENRE

DEADLINE

GEPLANTE WORTZAHL

GESCHRIEBENE WÖRTER HEUTE

GESCHRIEBENE WÖRTER GESAMT

HÖCHSTES **Tageswortziel** BISHER

Kaffee ☐ | ☐ Tee

WAS WAR DEIN HEUTIGER **Lieblingssatz**?

Imagination

SPONTAN NEUERFUNDENE CHARAKTERE:

GETÖTETE CHARAKTERE:

ÄNDERUNGEN IN DER GESCHICHTE:

VERZWEIFLUNGSANFÄLLE:

SCHREIBSTIMMUNG:

ÜBERARBEITETE SEITEN:

GRÖSSTER **Erfolg** | GRÖSSTE **Herausforderung**

Motivationskurve

WITZIGSTE RECHERCHEERGEBNISSE

Mein Schreibrückblick im *Juli*

> If you wait
> for inspiration to write,
> you're not a writer,
> you're a waiter.
> — Dan Poynter

Mein Schreibziel im *August*

Projekt
....

Deadline
....

Tägliches Wörterziel
....

Gesamt Wortziel
....

Motivations-Monats-Mantra

Wichtige Infos zum *Projekt*?

To-Dos

1. .... ☐
2. .... ☐
3. .... ☐
4. .... ☐
5. .... ☐
6. .... ☐
7. .... ☐

8. .... ☐
9. .... ☐
10. .... ☐
11. .... ☐
12. .... ☐
13. .... ☐
14. .... ☐

Tag 214 von 366 Tagen

Projekt	Genre	Deadline
Geplante Wortzahl	Geschriebene Wörter heute	Geschriebene Wörter gesamt

HÖCHSTES Tageswortziel BISHER

Kaffee ☐ | ☐ Tee

WAS WAR DEIN HEUTIGER Lieblingssatz?

Spontan neuerfundene Charaktere:

Getötete Charaktere:

Änderungen in der Geschichte:

Verzweiflungsanfälle:

Schreibstimmung:

Überarbeitete Seiten:

Grösster Erfolg / Grösste Herausforderung

Motivationskurve

Witzigste Rechercheergebnisse

Tag 215 von 366 Tagen

Projekt	Genre	Deadline
Geplante Wortzahl	Geschriebene Wörter heute	Geschriebene Wörter gesamt

HÖCHSTES **Tageswortziel** BISHER

Kaffee ☐ | ☐ Tee

↙ WAS WAR DEIN HEUTIGER **Lieblingssatz**?

Imagination

Spontan neuerfundene Charaktere:	Getötete Charaktere:	Änderungen in der Geschichte:
Verzweiflungsanfälle:	Schreibstimmung:	
Überarbeitete Seiten:		

GRÖSSTER *Erfolg* | GRÖSSTE *Herausforderung*

Motivationskurve

Witzigste Recherchergebnisse

Tag 216 von 366 Tagen

Projekt | **Genre** | **Deadline**

Geplante Wortzahl | **Geschriebene Wörter heute** | **Geschriebene Wörter gesamt**

HÖCHSTES Tageswortziel BISHER

Kaffee ☐ | ☐ **Tee**

WAS WAR DEIN HEUTIGER Lieblingssatz?

Spontan neuerfundene Charaktere: | **Getötete Charaktere:** | **Änderungen in der Geschichte:**

Verzweiflungsanfälle: | **Schreibstimmung:**

Überarbeitete Seiten:

Grösster Erfolg / Grösste Herausforderung

Motivationskurve

Witzigste Rechercheergebnisse

Tag 217 von 366 Tagen

PROJEKT

GENRE

DEADLINE

GEPLANTE WORTZAHL

GESCHRIEBENE WÖRTER HEUTE

GESCHRIEBENE WÖRTER GESAMT

HÖCHSTES **Tageswortziel** BISHER

Kaffee ☐ | ☐ Tee

WAS WAR DEIN HEUTIGER *Lieblingssatz*?

SPONTAN NEUERFUNDENE CHARAKTERE:

GETÖTETE CHARAKTERE:

ÄNDERUNGEN IN DER GESCHICHTE:

VERZWEIFLUNGSANFÄLLE:

SCHREIBSTIMMUNG:

ÜBERARBEITETE SEITEN:

GRÖSSTER *Erfolg* | GRÖSSTE *Herausforderung*

Motivationskurve

WITZIGSTE RECHERCHEERGEBNISSE

Tag 218 von 366 Tagen

Projekt	Genre	Deadline

Geplante Wortzahl	Geschriebene Wörter heute	Geschriebene Wörter gesamt

HÖCHSTES Tageswortziel BISHER

Kaffee ☐ | ☐ Tee ☕ ☕ ☕ ☕ ☕ ☕ ☕

WAS WAR DEIN HEUTIGER Lieblingssatz?

Spontan neuerfundene Charaktere:

Getötete Charaktere:

Änderungen in der Geschichte:

Verzweiflungsanfälle:

Schreibstimmung: 😀 😊 🥰 🥲 😤 😐 ○ ○
 😱 😭 🤗 😳 😾 😎 ○ ○

Überarbeitete Seiten:

GRÖSSTER Erfolg / GRÖSSTE Herausforderung

Motivationskurve

WITZIGSTE RECHERCHEERGEBNISSE

Tag 219 von 366 Tagen

PROJEKT

GENRE

DEADLINE

GEPLANTE WORTZAHL

GESCHRIEBENE WÖRTER HEUTE

GESCHRIEBENE WÖRTER GESAMT

HÖCHSTES **Tageswortziel** BISHER

Kaffee ☐ | ☐ Tee

WAS WAR DEIN HEUTIGER *Lieblingssatz*?

SPONTAN NEUERFUNDENE CHARAKTERE:

GETÖTETE CHARAKTERE:

ÄNDERUNGEN IN DER GESCHICHTE:

VERZWEIFLUNGSANFÄLLE:

SCHREIBSTIMMUNG:

ÜBERARBEITETE SEITEN:

GRÖSSTER *Erfolg* | GRÖSSTE *Herausforderung*

Motivationskurve

WITZIGSTE RECHERCHEERGEBNISSE

Tag 220 von 366 Tagen

Projekt

Genre

Deadline

Geplante Wortzahl

Geschriebene Wörter heute

Geschriebene Wörter gesamt

HÖCHSTES **Tageswortziel** BISHER

Kaffee ☐ | ☐ Tee

WAS WAR DEIN HEUTIGER **Lieblingssatz**?

Spontan neuerfundene Charaktere:

Getötete Charaktere:

Änderungen in der Geschichte:

Verzweiflungsanfälle:

Schreibstimmung:

Überarbeitete Seiten:

Grösster **Erfolg** / Grösste **Herausforderung**

Motivationskurve

Witzigste Recherchergebnisse

Tag 221 von 366 Tagen

Projekt	Genre	Deadline
Geplante Wortzahl	Geschriebene Wörter heute	Geschriebene Wörter gesamt

Höchstes Tageswortziel bisher

Kaffee ☐ | ☐ Tee

Was war dein heutiger Lieblingssatz?

Spontan neuerfundene Charaktere:

Getötete Charaktere:

Änderungen in der Geschichte:

Verzweiflungsanfälle:

Schreibstimmung:

Überarbeitete Seiten:

Grösster Erfolg | Grösste Herausforderung

Motivationskurve

Witzigste Rechercheergebnisse

221

Tag 222 von 366 Tagen

Projekt

Genre

Deadline

Geplante Wortzahl

Geschriebene Wörter heute

Geschriebene Wörter gesamt

HÖCHSTES **Tageswortziel** BISHER

Kaffee ☐ | ☐ Tee

WAS WAR DEIN HEUTIGER **Lieblingssatz**?

Spontan neuerfundene Charaktere:

Getötete Charaktere:

Änderungen in der Geschichte:

Verzweiflungsanfälle:

Schreibstimmung:

Überarbeitete Seiten:

GRÖSSTER **Erfolg** | GRÖSSTE **Herausforderung**

Motivationskurve

Witzigste Rechercheergebnisse

Tag 223 von 366 Tagen

Projekt

Genre

Deadline

Geplante Wortzahl

Geschriebene Wörter heute

Geschriebene Wörter gesamt

HÖCHSTES *Tageswortziel* BISHER

Kaffee ☐ | ☐ Tee

Was war dein heutiger *Lieblingssatz*?

---

spontan neuerfundene Charaktere:

getötete Charaktere:

Änderungen in der Geschichte:

Verzweiflungsanfälle:

Schreibstimmung:

Überarbeitete Seiten:

Grösster *Erfolg* | Grösste *Herausforderung*

Motivationskurve

Witzigste Rechercheergebnisse

Tag 224 von 366 Tagen

Projekt	Genre	Deadline

Geplante Wortzahl	Geschriebene Wörter heute	Geschriebene Wörter gesamt

HÖCHSTES Tageswortziel BISHER

Kaffee ☐ | ☐ Tee

WAS WAR DEIN HEUTIGER Lieblingssatz?

Spontan neuerfundene Charaktere:	Getötete Charaktere:	Änderungen in der Geschichte:
Verzweiflungsanfälle:	Schreibstimmung:	
Überarbeitete Seiten:		

GRÖSSTER Erfolg / GRÖSSTE Herausforderung

Motivationskurve

Witzigste Recherchergebnisse

Tag 225 von 366 Tagen

Projekt	Genre	Deadline
Geplante Wortzahl	Geschriebene Wörter heute	Geschriebene Wörter gesamt

HÖCHSTES Tageswortziel BISHER

Kaffee ☐ | ☐ Tee

WAS WAR DEIN HEUTIGER Lieblingssatz?

Imagination

- Spontan neuerfundene Charaktere:
- Verzweiflungsanfälle:
- Überarbeitete Seiten:
- Getötete Charaktere:
- Schreibstimmung:
- Änderungen in der Geschichte:

GRÖSSTER Erfolg | GRÖSSTE Herausforderung

Motivationskurve

WITZIGSTE RECHERCHEERGEBNISSE

Tag 226 von 366 Tagen

Projekt — **Genre** — **Deadline**

Geplante Wortzahl — **Geschriebene Wörter heute** — **Geschriebene Wörter gesamt**

HÖCHSTES Tageswortziel BISHER

Kaffee ☐ | ☐ Tee

WAS WAR DEIN HEUTIGER Lieblingssatz?

Spontan neuerfundene Charaktere: — **Getötete Charaktere:** — **Änderungen in der Geschichte:**

Verzweiflungsanfälle: — **Schreibstimmung:**

Überarbeitete Seiten:

Grösster Erfolg / Grösste Herausforderung

Motivationskurve

Witzigste Rechercheergebnisse

Tag 227 von 366 Tagen

PROJEKT .... GENRE .... DEADLINE ....

GEPLANTE WORTZAHL .... GESCHRIEBENE WÖRTER HEUTE .... GESCHRIEBENE WÖRTER GESAMT ....

HÖCHSTES **Tageswortziel** BISHER

Kaffee ☐ | ☐ Tee ☕ ☕ ☕ ☕ ☕ ☕ ☕ ☕

WAS WAR DEIN HEUTIGER **Lieblingssatz**?

Imagination

SPONTAN NEUERFUNDENE CHARAKTERE: .... GETÖTETE CHARAKTERE: .... ÄNDERUNGEN IN DER GESCHICHTE: ....

VERZWEIFLUNGSANFÄLLE: .... SCHREIBSTIMMUNG: 😊 😊 😍 🤐 😕 ⚪ ⚪

ÜBERARBEITETE SEITEN: .... 😱 😭 🥱 😠 😎 ⚪ ⚪

GRÖSSTER *Erfolg* | GRÖSSTE *Herausforderung*

Motivationskurve

WITZIGSTE RECHERCHEERGEBNISSE

Tag 228 von 366 Tagen

Creativity

Projekt	Genre	Deadline
Geplante Wortzahl	Geschriebene Wörter heute	Geschriebene Wörter gesamt

HÖCHSTES **Tageswortziel** BISHER

Kaffee ☐ | ☐ Tee

WAS WAR DEIN HEUTIGER **Lieblingssatz**?

Imagination

- Spontan neuerfundene Charaktere:
- Getötete Charaktere:
- Änderungen in der Geschichte:
- Verzweiflungsanfälle:
- Schreibstimmung:
- Überarbeitete Seiten:

GRÖSSTER **Erfolg** | GRÖSSTE **Herausforderung**

Motivationskurve

Witzigste Rechercheergebnisse

Tag 229 von 366 Tagen

PROJEKT

GENRE

DEADLINE

GEPLANTE WORTZAHL

GESCHRIEBENE WÖRTER HEUTE

GESCHRIEBENE WÖRTER GESAMT

HÖCHSTES *Tageswortziel* BISHER

Kaffee ☐ | ☐ Tee

WAS WAR DEIN HEUTIGER *Lieblingssatz*?

SPONTAN NEUERFUNDENE CHARAKTERE:

VERZWEIFLUNGSANFÄLLE:

ÜBERARBEITETE SEITEN:

GETÖTETE CHARAKTERE:

SCHREIBSTIMMUNG:

ÄNDERUNGEN IN DER GESCHICHTE:

GRÖSSTER *Erfolg* | GRÖSSTE *Herausforderung*

Motivationskurve

WITZIGSTE RECHERCHEERGEBNISSE

Tag 230 von 366 Tagen

Projekt	Genre	Deadline
Geplante Wortzahl	Geschriebene Wörter heute	Geschriebene Wörter gesamt

HÖCHSTES Tageswortziel BISHER

Kaffee ☐ | ☐ Tee

WAS WAR DEIN HEUTIGER Lieblingssatz?

Spontan neuerfundene Charaktere:

Getötete Charaktere:

Änderungen in der Geschichte:

Verzweiflungsanfälle:

Schreibstimmung:

Überarbeitete Seiten:

GRÖSSTER Erfolg | GRÖSSTE Herausforderung

Motivationskurve

Witzigste Rechercheergebnisse

Tag 231 von 366 Tagen

Projekt

Genre

Deadline

Geplante Wortzahl

Geschriebene Wörter heute

Geschriebene Wörter gesamt

HÖCHSTES Tageswortziel BISHER

Kaffee ☐ | ☐ Tee

WAS WAR DEIN HEUTIGER Lieblingssatz?

Spontan neuerfundene Charaktere:

Getötete Charaktere:

Änderungen in der Geschichte:

Verzweiflungsanfälle:

Schreibstimmung:

Überarbeitete Seiten:

Grösster Erfolg | Grösste Herausforderung

Motivationskurve

Witzigste Rechercheergebnisse

Tag 232 von 366 Tagen

Creativity

Projekt	Genre	Deadline

Geplante Wortzahl	Geschriebene Wörter heute	Geschriebene Wörter gesamt

HÖCHSTES Tageswortziel BISHER

Kaffee ☐ | ☐ Tee   ☕ ☕ ☕ ☕ ☕ ☕ ☕ ☕

WAS WAR DEIN HEUTIGER Lieblingssatz?

Imagination

Spontan neuerfundene Charaktere:

Getötete Charaktere:

Änderungen in der Geschichte:

Verzweiflungsanfälle:

Schreibstimmung: 😀 😊 😍 😜 😤 😐 ○ ○

Überarbeitete Seiten: 😳 😭 😒 😎 ○ ○

GRÖSSTER Erfolg / GRÖSSTE Herausforderung

Motivationskurve

WITZIGSTE RECHERCHEERGEBNISSE

Tag 233 von 366 Tagen

PROJEKT

GENRE

DEADLINE

GEPLANTE WORTZAHL

GESCHRIEBENE WÖRTER HEUTE

GESCHRIEBENE WÖRTER GESAMT

HÖCHSTES *Tageswortziel* BISHER

Kaffee ☐ | ☐ Tee

WAS WAR DEIN HEUTIGER *Lieblingssatz*?

Imagination

SPONTAN NEUERFUNDENE CHARAKTERE:

GETÖTETE CHARAKTERE:

ÄNDERUNGEN IN DER GESCHICHTE:

VERZWEIFLUNGSANFÄLLE:

SCHREIBSTIMMUNG:

ÜBERARBEITETE SEITEN:

GRÖSSTER *Erfolg* | GRÖSSTE *Herausforderung*

Motivationskurve

WITZIGSTE RECHERCHEERGEBNISSE

Tag 234 von 366 Tagen

Creativity

IDEAS		
PROJEKT	GENRE	DEADLINE
GEPLANTE WORTZAHL	GESCHRIEBENE WÖRTER HEUTE	GESCHRIEBENE WÖRTER GESAMT

HÖCHSTES Tageswortziel BISHER [   ]

Kaffee ☐ | ☐ **Tee**   ☕ ☕ ☕ ☕ ☕ ☕ ☕ ☕

WAS WAR DEIN HEUTIGER Lieblingssatz?

Imagination

SPONTAN NEUERFUNDENE CHARAKTERE: GETÖTETE CHARAKTERE: ÄNDERUNGEN IN DER GESCHICHTE:

VERZWEIFLUNGSANFÄLLE: SCHREIBSTIMMUNG: 😊 😋 😍 🤤 😖 😐 ⚪ ⚪

ÜBERARBEITETE SEITEN: 😱 😭 😨 😵 🤢 😎 ⚪ ⚪

GRÖSSTER Erfolg / GRÖSSTE Herausforderung

Motivationskurve

WITZIGSTE RECHERCHEERGEBNISSE

Tag 235 von 366 Tagen

PROJEKT	GENRE	DEADLINE
GEPLANTE WORTZAHL	GESCHRIEBENE WÖRTER HEUTE	GESCHRIEBENE WÖRTER GESAMT

HÖCHSTES **Tageswortziel** BISHER

Kaffee ☐ | ☐ Tee

WAS WAR DEIN HEUTIGER *Lieblingssatz*?

SPONTAN NEUERFUNDENE CHARAKTERE:

GETÖTETE CHARAKTERE:

ÄNDERUNGEN IN DER GESCHICHTE:

VERZWEIFLUNGSANFÄLLE:

SCHREIBSTIMMUNG:

ÜBERARBEITETE SEITEN:

GRÖSSTER *Erfolg* | GRÖSSTE *Herausforderung*

Motivationskurve

WITZIGSTE RECHERCHEERGEBNISSE

Tag 236 von 366 Tagen

Projekt

Genre

Deadline

Geplante Wortzahl

Geschriebene Wörter heute

Geschriebene Wörter gesamt

HÖCHSTES Tageswortziel BISHER

Kaffee ☐ | ☐ **Tee**

WAS WAR DEIN HEUTIGER Lieblingssatz?

Spontan neuerfundene Charaktere:

Getötete Charaktere:

Änderungen in der Geschichte:

Verzweiflungsanfälle:

Schreibstimmung:

Überarbeitete Seiten:

Grösster Erfolg | Grösste Herausforderung

Motivationskurve

Witzigste Rechercheergebnisse

Tag 237 von 366 Tagen

Projekt

Genre

Deadline

Geplante Wortzahl

Geschriebene Wörter heute

Geschriebene Wörter gesamt

HÖCHSTES **Tageswortziel** BISHER

Kaffee ☐ | ☐ Tee

WAS WAR DEIN HEUTIGER *Lieblingssatz*?

SPONTAN NEUERFUNDENE CHARAKTERE:

GETÖTETE CHARAKTERE:

ÄNDERUNGEN IN DER GESCHICHTE:

VERZWEIFLUNGSANFÄLLE:

SCHREIBSTIMMUNG:

ÜBERARBEITETE SEITEN:

GRÖSSTER *Erfolg* | GRÖSSTE *Herausforderung*

Motivationskurve

WITZIGSTE RECHERCHEERGEBNISSE

Tag 238 von 366 Tagen

IDEAS

PROJEKT

GENRE

DEADLINE

GEPLANTE WORTZAHL

GESCHRIEBENE WÖRTER HEUTE

GESCHRIEBENE WÖRTER GESAMT

HÖCHSTES **Tageswortziel** BISHER

Kaffee ☐ | ☐ Tee ☕ ☕ ☕ ☕ ☕ ☕ ☕ ☕

WAS WAR DEIN HEUTIGER *Lieblingssatz*?

Imagination

SPONTAN NEUERFUNDENE CHARAKTERE:

GETÖTETE CHARAKTERE:

ÄNDERUNGEN IN DER GESCHICHTE:

VERZWEIFLUNGSANFÄLLE:

SCHREIBSTIMMUNG: 😄 😊 😍 🤢 😠 😬 ○ ○ ○
                  😱 😭 😨 😵 😎 ○ ○ ○

ÜBERARBEITETE SEITEN:

GRÖSSTER *Erfolg* | GRÖSSTE *Herausforderung*

Motivationskurve

WITZIGSTE RECHERCHEERGEBNISSE

Tag 239 von 366 Tagen

PROJEKT .... **GENRE** .... **DEADLINE** ....

GEPLANTE WORTZAHL .... **GESCHRIEBENE WÖRTER HEUTE** .... **GESCHRIEBENE WÖRTER GESAMT** ....

HÖCHSTES *Tageswortziel* BISHER [_____]

Kaffee ☐ | ☐ Tee ☕ ☕ ☕ ☕ ☕ ☕ ☕ ☕ ☕ ☕

↙ WAS WAR DEIN HEUTIGER *Lieblingssatz*?

[_____]

Imagination

SPONTAN NEUERFUNDENE CHARAKTERE: .... GETÖTETE CHARAKTERE: .... ÄNDERUNGEN IN DER GESCHICHTE: ....

VERZWEIFLUNGSANFÄLLE: .... SCHREIBSTIMMUNG: 😊 😌 😍 🤢 😠 😐 ○ ○ ○
                                                           😱 😭 😕 😮 😤 😎 ○ ○ ○

ÜBERARBEITETE SEITEN: ....

GRÖSSTER *Erfolg* | GRÖSSTE *Herausforderung*   ↑ *Motivationskurve*

[_____]   →

WITZIGSTE RECHERCHEERGEBNISSE

Tag 240 von 366 Tagen

Projekt

Genre

Deadline

Geplante Wortzahl

Geschriebene Wörter heute

Geschriebene Wörter gesamt

HÖCHSTES **Tageswortziel** BISHER

Kaffee ☐ | ☐ Tee

WAS WAR DEIN HEUTIGER *Lieblingssatz*?

Spontan neuerfundene Charaktere:

Getötete Charaktere:

Änderungen in der Geschichte:

Verzweiflungsanfälle:

Schreibstimmung:

Überarbeitete Seiten:

GRÖSSTER *Erfolg* / GRÖSSTE *Herausforderung*

Motivationskurve

Witzigste Rechercheergebnisse

Tag 241 von 366 Tagen

Projekt

Genre

Deadline

Geplante Wortzahl

Geschriebene Wörter heute

Geschriebene Wörter gesamt

HÖCHSTES **Tageswortziel** BISHER

Kaffee ☐ | ☐ Tee

WAS WAR DEIN HEUTIGER **Lieblingssatz**?

---

spontan neuerfundene Charaktere:

getötete Charaktere:

Änderungen in der Geschichte:

Verzweiflungsanfälle:

Schreibstimmung:

Überarbeitete Seiten:

GRÖSSTER **Erfolg** | GRÖSSTE **Herausforderung**

Motivationskurve

Witzigste Rechercheergebnisse

Tag 242 von 366 Tagen

Projekt	Genre	Deadline

Geplante Wortzahl	Geschriebene Wörter heute	Geschriebene Wörter gesamt

HÖCHSTES Tageswortziel BISHER

Kaffee ☐ | ☐ Tee

WAS WAR DEIN HEUTIGER Lieblingssatz?

Spontan neuerfundene Charaktere:

Getötete Charaktere:

Änderungen in der Geschichte:

Verzweiflungsanfälle:

Schreibstimmung:

Überarbeitete Seiten:

GRÖSSTER Erfolg | GRÖSSTE Herausforderung

Motivationskurve

Witzigste Rechercheergebnisse

Tag 243 von 366 Tagen

PROJEKT | **GENRE** | **DEADLINE**

GEPLANTE WORTZAHL | **GESCHRIEBENE WÖRTER HEUTE** | **GESCHRIEBENE WÖRTER GESAMT**

HÖCHSTES Tageswortziel BISHER

Kaffee ☐ | ☐ **Tee**

WAS WAR DEIN HEUTIGER Lieblingssatz?

SPONTAN NEUERFUNDENE CHARAKTERE: | GETÖTETE CHARAKTERE: | ÄNDERUNGEN IN DER GESCHICHTE:

VERZWEIFLUNGSANFÄLLE: | SCHREIBSTIMMUNG:

ÜBERARBEITETE SEITEN:

GRÖSSTER Erfolg | GRÖSSTE Herausforderung

Motivationskurve

WITZIGSTE RECHERCHEERGEBNISSE

Tag 244 von 366 Tagen

Projekt	Genre	Deadline
....	....	....

Geplante Wortzahl	Geschriebene Wörter heute	Geschriebene Wörter gesamt
....	....	....

HÖCHSTES Tageswortziel BISHER [_____]

Kaffee ☐ | ☐ **Tee**   ☕ ☕ ☕ ☕ ☕ ☕ ☕ ☕

↪ **WAS WAR DEIN HEUTIGER Lieblingssatz?**

[_____]

- Spontan neuerfundene Charaktere:
- Getötete Charaktere:
- Änderungen in der Geschichte:
- Verzweiflungsanfälle:
- Schreibstimmung: 😄 😊 😍 🤢 😠 😐 ○ ○
  😨 😭 😕 😵 😖 😎 ○ ○
- Überarbeitete Seiten:

GRÖSSTER Erfolg / GRÖSSTE Herausforderung

[_____]

Motivationskurve ↑ →

Witzigste Recherchergebnisse

[_____]

Mein Schreibrückblick im August

Denke immer daran:
Nicht zu schreiben,
ist auch keine Lösung!

Juliana Fabula

MEIN SCHREIBZIEL IM *September*

PROJEKT .... **DEADLINE** ....

TÄGLICHES WÖRTERZIEL .... **GESAMT WORTZIEL** ....

Motivations-Monats-Mantra

WICHTIGE INFOS ZUM *Projekt*?

To-Dos

1. ☐
2. ☐
3. ☐
4. ☐
5. ☐
6. ☐
7. ☐
8. ☐
9. ☐
10. ☐
11. ☐
12. ☐
13. ☐
14. ☐

Tag 245 von 366 Tagen

IDEAS

PROJEKT

GENRE

DEADLINE

GEPLANTE WORTZAHL

GESCHRIEBENE WÖRTER HEUTE

GESCHRIEBENE WÖRTER GESAMT

HÖCHSTES **Tageswortziel** BISHER

Kaffee ☐ | ☐ Tee

↳ WAS WAR DEIN HEUTIGER *Lieblingssatz*?

Imagination

SPONTAN NEUERFUNDENE CHARAKTERE:

GETÖTETE CHARAKTERE:

ÄNDERUNGEN IN DER GESCHICHTE:

VERZWEIFLUNGSANFÄLLE:

SCHREIBSTIMMUNG:

ÜBERARBEITETE SEITEN:

GRÖSSTER *Erfolg* | GRÖSSTE *Herausforderung*

Motivationskurve

WITZIGSTE RECHERCHEERGEBNISSE

Tag 246 von 366 Tagen

IDEAS

PROJEKT GENRE DEADLINE

GEPLANTE WORTZAHL GESCHRIEBENE WÖRTER HEUTE GESCHRIEBENE WÖRTER GESAMT

HÖCHSTES Tageswortziel BISHER

Kaffee ☐ | ☐ Tee

WAS WAR DEIN HEUTIGER Lieblingssatz?

Imagination

SPONTAN NEUERFUNDENE CHARAKTERE: GETÖTETE CHARAKTERE: ÄNDERUNGEN IN DER GESCHICHTE:

VERZWEIFLUNGSANFÄLLE: SCHREIBSTIMMUNG:

ÜBERARBEITETE SEITEN:

GRÖSSTER Erfolg | GRÖSSTE Herausforderung

Motivationskurve

WITZIGSTE RECHERCHEERGEBNISSE

Tag 247 von 366 Tagen

IDEAS

PROJEKT	GENRE	DEADLINE
....	....	....

GEPLANTE WORTZAHL	GESCHRIEBENE WÖRTER HEUTE	GESCHRIEBENE WÖRTER GESAMT
....	....	....

HÖCHSTES Tageswortziel BISHER [ ]

Kaffee ☐ | ☐ **Tee** ☕ ☕ ☕ ☕ ☕ ☕ ☕ ☕

↙ **WAS WAR DEIN HEUTIGER Lieblingssatz?**

[ ]

Imagination

SPONTAN NEUERFUNDENE CHARAKTERE:	GETÖTETE CHARAKTERE:	ÄNDERUNGEN IN DER GESCHICHTE:
VERZWEIFLUNGSANFÄLLE:	SCHREIBSTIMMUNG: 😄 😊 😍 🤢 😠 😐 ⚪	
ÜBERARBEITETE SEITEN:	😨 😧 😟 ⚪ 😎 ⚪ ⚪	

GRÖSSTER Erfolg | GRÖSSTE Herausforderung

[ ]

Motivationskurve

WITZIGSTE RECHERCHEERGEBNISSE

[ ]

Tag 248 von 366 Tagen

PROJEKT   **GENRE**   **DEADLINE**

GEPLANTE WORTZAHL   **GESCHRIEBENE WÖRTER HEUTE**   **GESCHRIEBENE WÖRTER GESAMT**

HÖCHSTES Tageswortziel BISHER

Kaffee ☐ | ☐ **Tee**

WAS WAR DEIN HEUTIGER Lieblingssatz?

SPONTAN NEUERFUNDENE CHARAKTERE: GETÖTETE CHARAKTERE: ÄNDERUNGEN IN DER GESCHICHTE:

VERZWEIFLUNGSANFÄLLE: SCHREIBSTIMMUNG:

ÜBERARBEITETE SEITEN:

GRÖSSTER Erfolg | GRÖSSTE Herausforderung   **Motivationskurve**

WITZIGSTE RECHERCHEERGEBNISSE

Tag 249 von 366 Tagen

Projekt	Genre	Deadline
Geplante Wortzahl	Geschriebene Wörter heute	Geschriebene Wörter gesamt

HÖCHSTES Tageswortziel BISHER

Kaffee ☐ | ☐ Tee

WAS WAR DEIN HEUTIGER Lieblingssatz?

Spontan neuerfundene Charaktere:

Getötete Charaktere:

Änderungen in der Geschichte:

Verzweiflungsanfälle:

Schreibstimmung:

Überarbeitete Seiten:

GRÖSSTER Erfolg | GRÖSSTE Herausforderung

Motivationskurve

Witzigste Rechercheergebnisse

Tag 250 von 366 Tagen

Projekt

Genre

Deadline

Geplante Wortzahl

Geschriebene Wörter heute

Geschriebene Wörter gesamt

Höchstes **Tageswortziel** bisher

Kaffee ☐ | ☐ Tee

Was war dein heutiger **Lieblingssatz**?

Spontan neuerfundene Charaktere:

Getötete Charaktere:

Änderungen in der Geschichte:

Verzweiflungsanfälle:

Schreibstimmung:

Überarbeitete Seiten:

Grösster **Erfolg** | Grösste **Herausforderung**

Motivationskurve

Witzigste Recherchergebnisse

Tag 251 von 366 Tagen

PROJEKT

GENRE

DEADLINE

GEPLANTE WORTZAHL

GESCHRIEBENE WÖRTER HEUTE

GESCHRIEBENE WÖRTER GESAMT

HÖCHSTES **Tageswortziel** BISHER

Kaffee ☐ | ☐ Tee

WAS WAR DEIN HEUTIGER **Lieblingssatz**?

SPONTAN NEUERFUNDENE CHARAKTERE:

GETÖTETE CHARAKTERE:

ÄNDERUNGEN IN DER GESCHICHTE:

VERZWEIFLUNGSANFÄLLE:

SCHREIBSTIMMUNG:

ÜBERARBEITETE SEITEN:

GRÖSSTER **Erfolg** | GRÖSSTE **Herausforderung**

Motivationskurve

WITZIGSTE RECHERCHEERGEBNISSE

Tag 252 von 366 Tagen

IDEAS

PROJEKT

GENRE

DEADLINE

Stay FOCUS

GEPLANTE WORTZAHL

GESCHRIEBENE WÖRTER HEUTE

GESCHRIEBENE WÖRTER GESAMT

HÖCHSTES **Tageswortziel** BISHER

Kaffee ☐ | ☐ Tee

WAS WAR DEIN HEUTIGER *Lieblingssatz*?

Imagination

SPONTAN NEUERFUNDENE CHARAKTERE:

GETÖTETE CHARAKTERE:

ÄNDERUNGEN IN DER GESCHICHTE:

VERZWEIFLUNGSANFÄLLE:

SCHREIBSTIMMUNG:

ÜBERARBEITETE SEITEN:

GRÖSSTER *Erfolg* | GRÖSSTE *Herausforderung*

Motivationskurve

WITZIGSTE RECHERCHEERGEBNISSE

Tag 253 von 366 Tagen

Projekt	Genre	Deadline

Geplante Wortzahl	Geschriebene Wörter heute	Geschriebene Wörter gesamt

HÖCHSTES Tageswortziel BISHER

Kaffee ☐ | ☐ Tee ☕ ☕ ☕ ☕ ☕ ☕ ☕ ☕

WAS WAR DEIN HEUTIGER Lieblingssatz?

Spontan neuerfundene Charaktere:

Getötete Charaktere:

Änderungen in der Geschichte:

Verzweiflungsanfälle:

Schreibstimmung: 😊 😌 🥰 🤔 😠 😐 ○ ○
😱 😭 😟 😎 ○ ○ ○

Überarbeitete Seiten:

GRÖSSTER Erfolg / GRÖSSTE Herausforderung

Motivationskurve

Witzigste Rechercheergebnisse

Tag 254 von 366 Tagen

Projekt	Genre	Deadline
Geplante Wortzahl	Geschriebene Wörter heute	Geschriebene Wörter gesamt

HÖCHSTES Tageswortziel BISHER

Kaffee ☐ | ☐ Tee

WAS WAR DEIN HEUTIGER Lieblingssatz?

Imagination

Spontan neuerfundene Charaktere:	Getötete Charaktere:	Änderungen in der Geschichte:
Verzweiflungsanfälle:	Schreibstimmung:	
Überarbeitete Seiten:		

Grösster Erfolg | Grösste Herausforderung

Motivationskurve

Witzigste Rechercheergebnisse

Tag 255 von 366 Tagen

Creativity

Projekt	Genre	Deadline

Geplante Wortzahl	Geschriebene Wörter heute	Geschriebene Wörter gesamt

HÖCHSTES Tageswortziel BISHER

Kaffee ☐ | ☐ Tee

WAS WAR DEIN HEUTIGER Lieblingssatz?

Imagination

Spontan neuerfundene Charaktere:	Getötete Charaktere:	Änderungen in der Geschichte:
Verzweiflungsanfälle:	Schreibstimmung:	
Überarbeitete Seiten:		

GRÖSSTER Erfolg / GRÖSSTE Herausforderung

Motivationskurve

Witzigste Rechercheergebnisse

Tag 256 von 366 Tagen

Projekt	Genre	Deadline

Geplante Wortzahl	Geschriebene Wörter heute	Geschriebene Wörter gesamt

HÖCHSTES Tageswortziel BISHER

Kaffee ☐ | ☐ Tee

WAS WAR DEIN HEUTIGER Lieblingssatz?

Spontan neuerfundene Charaktere:	Getötete Charaktere:	Änderungen in der Geschichte:
Verzweiflungsanfälle:	Schreibstimmung:	
Überarbeitete Seiten:		

GRÖSSTER **Erfolg** | GRÖSSTE **Herausforderung**

Motivationskurve

Witzigste Rechercheergebnisse

Tag 257 von 366 Tagen

Projekt .... **Genre** .... **Deadline** ....

Geplante Wortzahl .... **Geschriebene Wörter heute** .... **Geschriebene Wörter gesamt** ....

HÖCHSTES Tageswortziel BISHER [   ]

Kaffee ☐ | ☐ **Tee** ☕ ☕ ☕ ☕ ☕ ☕ ☕ ☕

↙ **WAS WAR DEIN HEUTIGER Lieblingssatz?**

[   ]

Imagination

Spontan neuerfundene Charaktere: .... **Getötete Charaktere:** .... **Änderungen in der Geschichte:** ....

Verzweiflungsanfälle: .... **Schreibstimmung:** 😊 😄 🤢 😢 😣 😐 ○ ○

Überarbeitete Seiten: .... 😱 😭 😟 😵 😨 😎 ○ ○

Grösster Erfolg | Grösste Herausforderung

[   ]   **Motivationskurve**

Witzigste Rechercheergebnisse

Tag 258 von 366 Tagen

PROJEKT	GENRE	DEADLINE
GEPLANTE WORTZAHL	GESCHRIEBENE WÖRTER HEUTE	GESCHRIEBENE WÖRTER GESAMT

HÖCHSTES Tageswortziel BISHER

Kaffee ☐ | ☐ Tee

WAS WAR DEIN HEUTIGER Lieblingssatz?

SPONTAN NEUERFUNDENE CHARAKTERE:	GETÖTETE CHARAKTERE:	ÄNDERUNGEN IN DER GESCHICHTE:
VERZWEIFLUNGSANFÄLLE:	SCHREIBSTIMMUNG:	
ÜBERARBEITETE SEITEN:		

GRÖSSTER Erfolg | GRÖSSTE Herausforderung

Motivationskurve

WITZIGSTE RECHERCHEERGEBNISSE

Tag 259 von 366 Tagen

PROJEKT **GENRE** **DEADLINE**

GEPLANTE WORTZAHL **GESCHRIEBENE WÖRTER HEUTE** **GESCHRIEBENE WÖRTER GESAMT**

HÖCHSTES Tageswortziel BISHER

Kaffee ☐ | ☐ Tee

WAS WAR DEIN HEUTIGER Lieblingssatz?

SPONTAN NEUERFUNDENE CHARAKTERE: **GETÖTETE CHARAKTERE:** **ÄNDERUNGEN IN DER GESCHICHTE:**

VERZWEIFLUNGSANFÄLLE: **SCHREIBSTIMMUNG:**

ÜBERARBEITETE SEITEN:

GRÖSSTER Erfolg / GRÖSSTE Herausforderung

Motivationskurve

WITZIGSTE RECHERCHEERGEBNISSE

Tag 260 von 366 Tagen

PROJEKT

GENRE

DEADLINE

GEPLANTE WORTZAHL

GESCHRIEBENE WÖRTER HEUTE

GESCHRIEBENE WÖRTER GESAMT

HÖCHSTES **Tageswortziel** BISHER

Kaffee ☐ | ☐ Tee ☕ ☕ ☕ ☕ ☕ ☕ ☕ ☕ ☕

WAS WAR DEIN HEUTIGER *Lieblingssatz*?

SPONTAN NEUERFUNDENE CHARAKTERE:

GETÖTETE CHARAKTERE:

ÄNDERUNGEN IN DER GESCHICHTE:

VERZWEIFLUNGSANFÄLLE:

SCHREIBSTIMMUNG: 🙂 😊 😍 🤢 😵 😐 ⚪ ⚪

ÜBERARBEITETE SEITEN:

😱 😭 🤭 😎 😠 😎 ⚪ ⚪

GRÖSSTER *Erfolg* | GRÖSSTE *Herausforderung*

Motivationskurve

WITZIGSTE RECHERCHEERGEBNISSE

Tag 261 von 366 Tagen

Projekt — **Genre** — **Deadline**

Geplante Wortzahl — **Geschriebene Wörter heute** — **Geschriebene Wörter gesamt**

HÖCHSTES **Tageswortziel** BISHER

Kaffee ☐ | ☐ Tee

Was war dein heutiger Lieblingssatz?

Spontan neuerfundene Charaktere: — Getötete Charaktere: — Änderungen in der Geschichte:

Verzweiflungsanfälle: — Schreibstimmung:

Überarbeitete Seiten:

GRÖSSTER **Erfolg** / GRÖSSTE **Herausforderung**

Motivationskurve

Witzigste Rechercheergebnisse

Tag 262 von 366 Tagen

PROJEKT GENRE DEADLINE

GEPLANTE WORTZAHL GESCHRIEBENE WÖRTER HEUTE GESCHRIEBENE WÖRTER GESAMT

HÖCHSTES Tageswortziel BISHER

Kaffee ☐ | ☐ Tee

WAS WAR DEIN HEUTIGER Lieblingssatz?

SPONTAN NEUERFUNDENE CHARAKTERE: GETÖTETE CHARAKTERE: ÄNDERUNGEN IN DER GESCHICHTE:

VERZWEIFLUNGSANFÄLLE: SCHREIBSTIMMUNG:

ÜBERARBEITETE SEITEN:

GRÖSSTER Erfolg | GRÖSSTE Herausforderung

Motivationskurve

WITZIGSTE RECHERCHEERGEBNISSE

Tag 263 von 366 Tagen

Creativity

PROJEKT	GENRE	DEADLINE
GEPLANTE WORTZAHL	GESCHRIEBENE WÖRTER HEUTE	GESCHRIEBENE WÖRTER GESAMT

HÖCHSTES **Tageswortziel** BISHER

Kaffee ☐ | ☐ Tee

WAS WAR DEIN HEUTIGER Lieblingssatz?

Imagination

SPONTAN NEUERFUNDENE CHARAKTERE: GETÖTETE CHARAKTERE: ÄNDERUNGEN IN DER GESCHICHTE:

VERZWEIFLUNGSANFÄLLE: SCHREIBSTIMMUNG:

ÜBERARBEITETE SEITEN:

GRÖSSTER **Erfolg** | GRÖSSTE **Herausforderung**

Motivationskurve

WITZIGSTE RECHERCHEERGEBNISSE

Tag 264 von 366 Tagen

PROJEKT | GENRE | DEADLINE

GEPLANTE WORTZAHL | GESCHRIEBENE WÖRTER HEUTE | GESCHRIEBENE WÖRTER GESAMT

HÖCHSTES Tageswortziel BISHER

Kaffee ☐ | ☐ Tee

WAS WAR DEIN HEUTIGER Lieblingssatz?

SPONTAN NEUERFUNDENE CHARAKTERE: | GETÖTETE CHARAKTERE: | ÄNDERUNGEN IN DER GESCHICHTE:

VERZWEIFLUNGSANFÄLLE: | SCHREIBSTIMMUNG:

ÜBERARBEITETE SEITEN:

GRÖSSTER Erfolg | GRÖSSTE Herausforderung

Motivationskurve

WITZIGSTE RECHERCHEERGEBNISSE

Tag 265 von 366 Tagen

IDEAS

Projekt

Genre

Deadline

Geplante Wortzahl

Geschriebene Wörter heute

Geschriebene Wörter gesamt

HÖCHSTES Tageswortziel BISHER

Kaffee ☐ | ☐ Tee

WAS WAR DEIN HEUTIGER Lieblingssatz?

Spontan neuerfundene Charaktere:

Getötete Charaktere:

Änderungen in der Geschichte:

Verzweiflungsanfälle:

Schreibstimmung:

Überarbeitete Seiten:

Grösster Erfolg | Grösste Herausforderung

Motivationskurve

Witzigste Recherchergebnisse

Tag 266 von 366 Tagen

PROJEKT

GENRE

DEADLINE

GEPLANTE WORTZAHL

GESCHRIEBENE WÖRTER HEUTE

GESCHRIEBENE WÖRTER GESAMT

HÖCHSTES **Tageswortziel** BISHER

Kaffee ☐ | ☐ Tee

WAS WAR DEIN HEUTIGER *Lieblingssatz*?

Imagination

SPONTAN NEUERFUNDENE CHARAKTERE:

GETÖTETE CHARAKTERE:

ÄNDERUNGEN IN DER GESCHICHTE:

VERZWEIFLUNGSANFÄLLE:

SCHREIBSTIMMUNG:

ÜBERARBEITETE SEITEN:

GRÖSSTER *Erfolg* | GRÖSSTE *Herausforderung*

Motivationskurve

WITZIGSTE RECHERCHEERGEBNISSE

Tag 267 von 366 Tagen

Projekt	Genre	Deadline
Geplante Wortzahl	Geschriebene Wörter heute	Geschriebene Wörter gesamt

HÖCHSTES Tageswortziel BISHER

Kaffee ☐ | ☐ Tee

WAS WAR DEIN HEUTIGER Lieblingssatz?

Spontan neuerfundene Charaktere:

Getötete Charaktere:

Änderungen in der Geschichte:

Verzweiflungsanfälle:

Schreibstimmung:

Überarbeitete Seiten:

GRÖSSTER Erfolg / GRÖSSTE Herausforderung

Motivationskurve

WITZIGSTE RECHERCHEERGEBNISSE

Tag 268 von 366 Tagen

Projekt

Genre

Deadline

Geplante Wortzahl

Geschriebene Wörter heute

Geschriebene Wörter gesamt

HÖCHSTES Tageswortziel BISHER

Kaffee ☐ | ☐ Tee

WAS WAR DEIN HEUTIGER Lieblingssatz?

Spontan neuerfundene Charaktere:

Getötete Charaktere:

Änderungen in der Geschichte:

Verzweiflungsanfälle:

Schreibstimmung:

Überarbeitete Seiten:

Grösster Erfolg | Grösste Herausforderung

Motivationskurve

Witzigste Rechercheergebnisse

Tag 269 von 366 Tagen

Projekt	Genre	Deadline

Geplante Wortzahl	Geschriebene Wörter heute	Geschriebene Wörter gesamt

HÖCHSTES Tageswortziel BISHER

Kaffee ☐ | ☐ Tee

WAS WAR DEIN HEUTIGER Lieblingssatz?

Spontan neuerfundene Charaktere:	Getötete Charaktere:	Änderungen in der Geschichte:
Verzweiflungsanfälle:	Schreibstimmung:	
Überarbeitete Seiten:		

GRÖSSTER Erfolg | GRÖSSTE Herausforderung

Motivationskurve

WITZIGSTE RECHERCHEERGEBNISSE

Tag 270 von 366 Tagen

PROJEKT

GENRE

DEADLINE

GEPLANTE WORTZAHL

GESCHRIEBENE WÖRTER HEUTE

GESCHRIEBENE WÖRTER GESAMT

HÖCHSTES **Tageswortziel** BISHER

Kaffee ☐ | ☐ Tee

WAS WAR DEIN HEUTIGER *Lieblingssatz*?

SPONTAN NEUERFUNDENE CHARAKTERE:

GETÖTETE CHARAKTERE:

ÄNDERUNGEN IN DER GESCHICHTE:

VERZWEIFLUNGSANFÄLLE:

SCHREIBSTIMMUNG:

ÜBERARBEITETE SEITEN:

GRÖSSTER *Erfolg* | GRÖSSTE Herausforderung

Motivationskurve

WITZIGSTE RECHERCHEERGEBNISSE

Tag 271 von 366 Tagen

PROJEKT	GENRE	DEADLINE

GEPLANTE WORTZAHL	GESCHRIEBENE WÖRTER HEUTE	GESCHRIEBENE WÖRTER GESAMT

HÖCHSTES Tageswortziel BISHER

Kaffee ☐ | ☐ Tee

WAS WAR DEIN HEUTIGER Lieblingssatz?

SPONTAN NEUERFUNDENE CHARAKTERE:

GETÖTETE CHARAKTERE:

ÄNDERUNGEN IN DER GESCHICHTE:

VERZWEIFLUNGSANFÄLLE:

SCHREIBSTIMMUNG:

ÜBERARBEITETE SEITEN:

GRÖSSTER Erfolg / GRÖSSTE Herausforderung

Motivationskurve

WITZIGSTE RECHERCHEERGEBNISSE

Tag 272 von 366 Tagen

Projekt	Genre	Deadline
Geplante Wortzahl	Geschriebene Wörter heute	Geschriebene Wörter gesamt

HÖCHSTES Tageswortziel BISHER

Kaffee ☐ | ☐ Tee

WAS WAR DEIN HEUTIGER Lieblingssatz?

- Spontan neuerfundene Charaktere:
- Getötete Charaktere:
- Änderungen in der Geschichte:
- Verzweiflungsanfälle:
- Schreibstimmung:
- Überarbeitete Seiten:

Grösster Erfolg | Grösste Herausforderung

Motivationskurve

Witzigste Rechercheergebnisse

Tag 273 von 366 Tagen

Projekt | **Genre** | **Deadline**

Geplante Wortzahl | **Geschriebene Wörter heute** | **Geschriebene Wörter gesamt**

HÖCHSTES Tageswortziel BISHER

Kaffee ☐ | ☐ Tee

WAS WAR DEIN HEUTIGER Lieblingssatz?

Spontan neuerfundene Charaktere:

Verzweiflungsanfälle:

Überarbeitete Seiten:

Getötete Charaktere:

Schreibstimmung:

Änderungen in der Geschichte:

Grösster Erfolg / Grösste Herausforderung

Motivationskurve

Witzigste Rechercheergebnisse

Tag 274 von 366 Tagen

PROJEKT

GENRE

DEADLINE

GEPLANTE WORTZAHL

GESCHRIEBENE WÖRTER HEUTE

GESCHRIEBENE WÖRTER GESAMT

HÖCHSTES Tageswortziel BISHER

Kaffee ☐ | ☐ Tee

WAS WAR DEIN HEUTIGER Lieblingssatz?

SPONTAN NEUERFUNDENE CHARAKTERE:

GETÖTETE CHARAKTERE:

ÄNDERUNGEN IN DER GESCHICHTE:

VERZWEIFLUNGSANFÄLLE:

SCHREIBSTIMMUNG:

ÜBERARBEITETE SEITEN:

GRÖSSTER Erfolg | GRÖSSTE Herausforderung

Motivationskurve

WITZIGSTE RECHERCHEERGEBNISSE

Schreibgedanke:

Was war dein schönster
AutorInnen-/Schreibmoment?

Mein Schreibrückblick im September

The most important thing in writing is to have written. I can always fix a bad page. I can't fix a blank one.

Nora Roberts

Mein Schreibziel im *Oktober*

Projekt

Deadline

Tägliches Wörterziel

Gesamt Wortziel

Motivations-Monats-Mantra

Wichtige Infos zum *Projekt*?

To-Dos

1.
2.
3.
4.
5.
6.
7.
8.
9.
10.
11.
12.
13.
14.

Tag 275 von 366 Tagen

Projekt

Genre

Deadline

Geplante Wortzahl

Geschriebene Wörter heute

Geschriebene Wörter gesamt

HÖCHSTES **Tageswortziel** BISHER

Kaffee ☐ | ☐ Tee

WAS WAR DEIN HEUTIGER **Lieblingssatz**?

SPONTAN NEUERFUNDENE CHARAKTERE:

GETÖTETE CHARAKTERE:

ÄNDERUNGEN IN DER GESCHICHTE:

VERZWEIFLUNGSANFÄLLE:

SCHREIBSTIMMUNG:

ÜBERARBEITETE SEITEN:

GRÖSSTER *Erfolg* / GRÖSSTE *Herausforderung*

Motivationskurve

WITZIGSTE RECHERCHEERGEBNISSE

Tag 276 von 366 Tagen

PROJEKT

GENRE

DEADLINE

GEPLANTE WORTZAHL

GESCHRIEBENE WÖRTER HEUTE

GESCHRIEBENE WÖRTER GESAMT

HÖCHSTES **Tageswortziel** BISHER

Kaffee ☐ | ☐ Tee

WAS WAR DEIN HEUTIGER *Lieblingssatz*?

SPONTAN NEUERFUNDENE CHARAKTERE:

GETÖTETE CHARAKTERE:

ÄNDERUNGEN IN DER GESCHICHTE:

VERZWEIFLUNGSANFÄLLE:

SCHREIBSTIMMUNG:

ÜBERARBEITETE SEITEN:

GRÖSSTER *Erfolg* | GRÖSSTE *Herausforderung*

Motivationskurve

WITZIGSTE RECHERCHEERGEBNISSE

Tag 277 von 366 Tagen

Creativity

PROJEKT	GENRE	DEADLINE
GEPLANTE WORTZAHL	GESCHRIEBENE WÖRTER HEUTE	GESCHRIEBENE WÖRTER GESAMT

HÖCHSTES Tageswortziel BISHER

Kaffee ☐ | ☐ Tee

WAS WAR DEIN HEUTIGER Lieblingssatz?

Imagination

SPONTAN NEUERFUNDENE CHARAKTERE: GETÖTETE CHARAKTERE: ÄNDERUNGEN IN DER GESCHICHTE:

VERZWEIFLUNGSANFÄLLE: SCHREIBSTIMMUNG:

ÜBERARBEITETE SEITEN:

GRÖSSTER Erfolg | GRÖSSTE Herausforderung

Motivationskurve

WITZIGSTE RECHERCHEERGEBNISSE

Tag 278 von 366 Tagen

Projekt	Genre	Deadline
Geplante Wortzahl	Geschriebene Wörter heute	Geschriebene Wörter gesamt

HÖCHSTES Tageswortziel BISHER

Kaffee ☐ | ☐ Tee

WAS WAR DEIN HEUTIGER Lieblingssatz?

Spontan neuerfundene Charaktere:

Getötete Charaktere:

Änderungen in der Geschichte:

Verzweiflungsanfälle:

Schreibstimmung:

Überarbeitete Seiten:

Grösster Erfolg | Grösste Herausforderung

Motivationskurve

Witzigste Rechercheergebnisse

Tag 279 von 366 Tagen

PROJEKT **GENRE** **DEADLINE**

GEPLANTE WORTZAHL **GESCHRIEBENE WÖRTER HEUTE** **GESCHRIEBENE WÖRTER GESAMT**

HÖCHSTES **Tageswortziel** BISHER

Kaffee ☐ | ☐ Tee

WAS WAR DEIN HEUTIGER Lieblingssatz?

SPONTAN NEUERFUNDENE CHARAKTERE: GETÖTETE CHARAKTERE: ÄNDERUNGEN IN DER GESCHICHTE:

VERZWEIFLUNGSANFÄLLE: SCHREIBSTIMMUNG:

ÜBERARBEITETE SEITEN:

GRÖSSTER **Erfolg** / GRÖSSTE **Herausforderung**

Motivationskurve

WITZIGSTE RECHERCHEERGEBNISSE

Tag 280 von 366 Tagen

Projekt

Genre

Deadline

Geplante Wortzahl

Geschriebene Wörter heute

Geschriebene Wörter gesamt

HÖCHSTES **Tageswortziel** BISHER

Kaffee ☐ | ☐ Tee

WAS WAR DEIN HEUTIGER *Lieblingssatz*?

Spontan neuerfundene Charaktere:

Getötete Charaktere:

Änderungen in der Geschichte:

Verzweiflungsanfälle:

Schreibstimmung:

Überarbeitete Seiten:

Grösster **Erfolg** | Grösste **Herausforderung**

Motivationskurve

Witzigste Rechercheergebnisse

Tag 281 von 366 Tagen

Creativity

Projekt	Genre	Deadline

Geplante Wortzahl	Geschriebene Wörter heute	Geschriebene Wörter gesamt

---

HÖCHSTES **Tageswortziel** BISHER

Kaffee ☐ | ☐ Tee ☕ ☕ ☕ ☕ ☕ ☕ ☕

WAS WAR DEIN HEUTIGER **Lieblingssatz**?

Imagination

- Spontan neuerfundene Charaktere:
- Getötete Charaktere:
- Änderungen in der Geschichte:
- Verzweiflungsanfälle:
- Schreibstimmung: 😊 😋 🥰 🤪 😖 😐 ⚪ ⚪
- Überarbeitete Seiten: 😱 😭 😨 🙄 🤓 😎 ⚪ ⚪

Grösster **Erfolg** | Grösste **Herausforderung**

Motivationskurve

Witzigste Rechercheergebnisse

Tag 282 von 366 Tagen

Projekt .... Genre .... Deadline ....

Geplante Wortzahl .... Geschriebene Wörter heute .... Geschriebene Wörter gesamt ....

HÖCHSTES *Tageswortziel* BISHER

Kaffee ☐ | ☐ Tee

WAS WAR DEIN HEUTIGER *Lieblingssatz*?

Spontan neuerfundene Charaktere: .... Getötete Charaktere: .... Änderungen in der Geschichte: ....

Verzweiflungsanfälle: .... Schreibstimmung:

Überarbeitete Seiten: ....

Grösster *Erfolg* | Grösste *Herausforderung*

Motivationskurve

Witzigste Rechercheergebnisse

Tag 283 von 366 Tagen

Creativity

PROJEKT | GENRE | DEADLINE

GEPLANTE WORTZAHL | GESCHRIEBENE WÖRTER HEUTE | GESCHRIEBENE WÖRTER GESAMT

HÖCHSTES *Tageswortziel* BISHER

Kaffee ☐ | ☐ Tee

WAS WAR DEIN HEUTIGER *Lieblingssatz*?

Imagination

SPONTAN NEUERFUNDENE CHARAKTERE: | GETÖTETE CHARAKTERE: | ÄNDERUNGEN IN DER GESCHICHTE:

VERZWEIFLUNGSANFÄLLE: | SCHREIBSTIMMUNG:

ÜBERARBEITETE SEITEN:

GRÖSSTER *Erfolg* | GRÖSSTE *Herausforderung*

Motivationskurve

WITZIGSTE RECHERCHEERGEBNISSE

Tag 284 von 366 Tagen

Projekt .... Genre .... Deadline ....

Geplante Wortzahl .... Geschriebene Wörter heute .... Geschriebene Wörter gesamt ....

HÖCHSTES **Tageswortziel** BISHER [ ]

Kaffee ☐ | ☐ Tee ☕ ☕ ☕ ☕ ☕ ☕ ☕ ☕ ☕

WAS WAR DEIN HEUTIGER *Lieblingssatz*?

[   ]

Spontan neuerfundene Charaktere: .... Getötete Charaktere: .... Änderungen in der Geschichte: ....

Verzweiflungsanfälle: .... Schreibstimmung: 😀 🙂 😍 😋 😛 😐 ○ ○
Überarbeitete Seiten: .... 😨 😭 😦 😮 😎 ○ ○

Grösster *Erfolg* | Grösste *Herausforderung*

[   ]   Motivationskurve

Witzigste Rechercheergebnisse

Tag 285 von 366 Tagen

PROJEKT

GENRE

DEADLINE

GEPLANTE WORTZAHL

GESCHRIEBENE WÖRTER HEUTE

GESCHRIEBENE WÖRTER GESAMT

HÖCHSTES **Tageswortziel** BISHER

Kaffee ☐ | ☐ Tee

WAS WAR DEIN HEUTIGER *Lieblingssatz*?

SPONTAN NEUERFUNDENE CHARAKTERE:

GETÖTETE CHARAKTERE:

ÄNDERUNGEN IN DER GESCHICHTE:

VERZWEIFLUNGSANFÄLLE:

SCHREIBSTIMMUNG:

ÜBERARBEITETE SEITEN:

GRÖSSTER *Erfolg* / GRÖSSTE *Herausforderung*

Motivationskurve

WITZIGSTE RECHERCHEERGEBNISSE

Tag 286 von 366 Tagen

Projekt

Genre

Deadline

Geplante Wortzahl

Geschriebene Wörter heute

Geschriebene Wörter gesamt

HÖCHSTES Tageswortziel BISHER

Kaffee ☐ | ☐ Tee

Was war dein heutiger Lieblingssatz?

Spontan neuerfundene Charaktere:

Getötete Charaktere:

Änderungen in der Geschichte:

Verzweiflungsanfälle:

Schreibstimmung:

Überarbeitete Seiten:

Grösster Erfolg | Grösste Herausforderung

Motivationskurve

Witzigste Rechercheergebnisse

Tag 287 von 366 Tagen

Projekt	Genre	Deadline
Geplante Wortzahl	Geschriebene Wörter heute	Geschriebene Wörter gesamt

HÖCHSTES **Tageswortziel** BISHER

Kaffee ☐ | ☐ Tee

WAS WAR DEIN HEUTIGER **Lieblingssatz**?

Spontan neuerfundene Charaktere:
Getötete Charaktere:
Änderungen in der Geschichte:
Verzweiflungsanfälle:
Schreibstimmung:
Überarbeitete Seiten:

GRÖSSTER **Erfolg** | GRÖSSTE **Herausforderung**

Motivationskurve

Witzigste Rechercheergebnisse

Tag 288 von 366 Tagen

PROJEKT

GENRE

DEADLINE

GEPLANTE WORTZAHL

GESCHRIEBENE WÖRTER HEUTE

GESCHRIEBENE WÖRTER GESAMT

HÖCHSTES Tageswortziel BISHER

Kaffee ☐ | ☐ Tee

WAS WAR DEIN HEUTIGER Lieblingssatz?

SPONTAN NEUERFUNDENE CHARAKTERE:

GETÖTETE CHARAKTERE:

ÄNDERUNGEN IN DER GESCHICHTE:

VERZWEIFLUNGSANFÄLLE:

SCHREIBSTIMMUNG:

ÜBERARBEITETE SEITEN:

GRÖSSTER Erfolg | GRÖSSTE Herausforderung

Motivationskurve

WITZIGSTE RECHERCHEERGEBNISSE

Tag 289 von 366 Tagen

Projekt	Genre	Deadline
Geplante Wortzahl	Geschriebene Wörter heute	Geschriebene Wörter gesamt

HÖCHSTES Tageswortziel BISHER

Kaffee ☐ | ☐ Tee

WAS WAR DEIN HEUTIGER Lieblingssatz?

Spontan neuerfundene Charaktere:

Verzweiflungsanfälle:

Überarbeitete Seiten:

Getötete Charaktere:

Schreibstimmung:

Änderungen in der Geschichte:

GRÖSSTER Erfolg | GRÖSSTE Herausforderung

Motivationskurve

Witzigste Rechercheergebnisse

Tag 290 von 366 Tagen

PROJEKT

GENRE

DEADLINE

GEPLANTE WORTZAHL

GESCHRIEBENE WÖRTER HEUTE

GESCHRIEBENE WÖRTER GESAMT

HÖCHSTES Tageswortziel BISHER

Kaffee ☐ | ☐ Tee

WAS WAR DEIN HEUTIGER Lieblingssatz?

SPONTAN NEUERFUNDENE CHARAKTERE:

GETÖTETE CHARAKTERE:

ÄNDERUNGEN IN DER GESCHICHTE:

VERZWEIFLUNGSANFÄLLE:

SCHREIBSTIMMUNG:

ÜBERARBEITETE SEITEN:

GRÖSSTER Erfolg | GRÖSSTE Herausforderung

Motivationskurve

WITZIGSTE RECHERCHEERGEBNISSE

Tag 291 von 366 Tagen

PROJEKT .... **GENRE** .... **DEADLINE** ....

GEPLANTE WORTZAHL .... **GESCHRIEBENE WÖRTER HEUTE** .... **GESCHRIEBENE WÖRTER GESAMT** ....

HÖCHSTES Tageswortziel BISHER [   ]

Kaffee ☐ | ☐ **Tee** ☕ ☕ ☕ ☕ ☕ ☕ ☕ ☕

WAS WAR DEIN HEUTIGER Lieblingssatz?

[   ]

SPONTAN NEUERFUNDENE CHARAKTERE: .... **GETÖTETE CHARAKTERE:** .... **ÄNDERUNGEN IN DER GESCHICHTE:** ....

VERZWEIFLUNGSANFÄLLE: .... **SCHREIBSTIMMUNG:** 😀 😊 😍 🤢 😠 😐 ⚪ ⚪

ÜBERARBEITETE SEITEN: .... 😵 🎧 😳 😶 😎 ⚪ ⚪

GRÖSSTER Erfolg | GRÖSSTE Herausforderung

[   ]

Motivationskurve

WITZIGSTE RECHERCHEERGEBNISSE

[   ]

Tag 292 von 366 Tagen

Projekt	Genre	Deadline
Geplante Wortzahl	Geschriebene Wörter heute	Geschriebene Wörter gesamt

HÖCHSTES Tageswortziel BISHER

Kaffee ☐ | ☐ Tee

WAS WAR DEIN HEUTIGER Lieblingssatz?

Spontan neuerfundene Charaktere:

Getötete Charaktere:

Änderungen in der Geschichte:

Verzweiflungsanfälle:

Schreibstimmung:

Überarbeitete Seiten:

Grösster Erfolg | Grösste Herausforderung

Motivationskurve

Witzigste Rechercheergebnisse

Tag 293 von 366 Tagen

Projekt	Genre	Deadline
Geplante Wortzahl	Geschriebene Wörter heute	Geschriebene Wörter gesamt

HÖCHSTES **Tageswortziel** BISHER

Kaffee ☐ | ☐ Tee ☕ ☕ ☕ ☕ ☕ ☕ ☕ ☕

✓ WAS WAR DEIN HEUTIGER *Lieblingssatz*?

Spontan neuerfundene Charaktere:

Getötete Charaktere:

Änderungen in der Geschichte:

Verzweiflungsanfälle:

Schreibstimmung: 😊 😄 🥰 🤢 😘 😐 ⚪ ⚪

Überarbeitete Seiten:

😱 😭 😟 😵 😤 😎 ⚪ ⚪

GRÖSSTER *Erfolg* | GRÖSSTE *Herausforderung*

Motivationskurve

Witzigste Recherchergebnisse

Tag 294 von 366 Tagen

Projekt

Genre

Deadline

Geplante Wortzahl

Geschriebene Wörter heute

Geschriebene Wörter gesamt

HÖCHSTES **Tageswortziel** BISHER

Kaffee ☐ | ☐ Tee

WAS WAR DEIN HEUTIGER *Lieblingssatz*?

Spontan neuerfundene Charaktere:

Getötete Charaktere:

Änderungen in der Geschichte:

Verzweiflungsanfälle:

Schreibstimmung:

Überarbeitete Seiten:

GRÖSSTER *Erfolg* | GRÖSSTE *Herausforderung*

Motivationskurve

Witzigste Rechercheergebnisse

Tag 295 von 366 Tagen

Projekt	Genre	Deadline
Geplante Wortzahl	Geschriebene Wörter heute	Geschriebene Wörter gesamt

HÖCHSTES Tageswortziel BISHER

Kaffee ☐ | ☐ Tee

WAS WAR DEIN HEUTIGER Lieblingssatz?

Spontan neuerfundene Charaktere:

Getötete Charaktere:

Änderungen in der Geschichte:

Verzweiflungsanfälle:

Schreibstimmung:

Überarbeitete Seiten:

GRÖSSTER Erfolg | GRÖSSTE Herausforderung

Motivationskurve

Witzigste Rechercheergebnisse

295

Tag 296 von 366 Tagen

PROJEKT	GENRE	DEADLINE
GEPLANTE WORTZAHL	GESCHRIEBENE WÖRTER HEUTE	GESCHRIEBENE WÖRTER GESAMT

HÖCHSTES Tageswortziel BISHER

Kaffee ☐ | ☐ Tee

WAS WAR DEIN HEUTIGER Lieblingssatz?

SPONTAN NEUERFUNDENE CHARAKTERE:

GETÖTETE CHARAKTERE:

ÄNDERUNGEN IN DER GESCHICHTE:

VERZWEIFLUNGSANFÄLLE:

SCHREIBSTIMMUNG:

ÜBERARBEITETE SEITEN:

GRÖSSTER Erfolg | GRÖSSTE Herausforderung

Motivationskurve

WITZIGSTE RECHERCHEERGEBNISSE

Tag 297 von 366 Tagen

Projekt .... Genre .... Deadline ....

Geplante Wortzahl .... Geschriebene Wörter heute .... Geschriebene Wörter gesamt ....

HÖCHSTES **Tageswortziel** BISHER [_____]

Kaffee ☐ | ☐ Tee ☕ ☕ ☕ ☕ ☕ ☕ ☕ ☕

WAS WAR DEIN HEUTIGER **Lieblingssatz**?

[_____]

Spontan neuerfundene Charaktere: .... Getötete Charaktere: .... Änderungen in der Geschichte: ....

Verzweiflungsanfälle: .... Schreibstimmung: 😀 😊 😍 🤢 😠 😐 ⚪ ⚪

Überarbeitete Seiten: .... 😳 😨 😌 😲 😎 ⚪ ⚪

GRÖSSTER **Erfolg** / GRÖSSTE **Herausforderung**

[_____]

Motivationskurve

WITZIGSTE RECHERCHEERGEBNISSE

[_____]

Tag 298 von 366 Tagen

Projekt	Genre	Deadline
Geplante Wortzahl	Geschriebene Wörter heute	Geschriebene Wörter gesamt

HÖCHSTES Tageswortziel BISHER

Kaffee ☐ | ☐ Tee ☕ ☕ ☕ ☕ ☕ ☕ ☕ ☕

WAS WAR DEIN HEUTIGER Lieblingssatz?

Spontan neuerfundene Charaktere: Getötete Charaktere: Änderungen in der Geschichte:

Verzweiflungsanfälle: Schreibstimmung: 😊 😋 😍 🤔 😖 😐 ○
Überarbeitete Seiten: 😨 😭 😯 😶 😎 ○

Grösster Erfolg | Grösste Herausforderung

Motivationskurve

Witzigste Rechercheergebnisse

Tag 299 von 366 Tagen

Projekt

Genre

Deadline

Geplante Wortzahl

Geschriebene Wörter heute

Geschriebene Wörter gesamt

HÖCHSTES **Tageswortziel** BISHER

Kaffee ☐ | ☐ Tee

WAS WAR DEIN HEUTIGER **Lieblingssatz**?

Spontan neuerfundene Charaktere:

Getötete Charaktere:

Änderungen in der Geschichte:

Verzweiflungsanfälle:

Schreibstimmung:

Überarbeitete Seiten:

GRÖSSTER **Erfolg** | GRÖSSTE **Herausforderung**

Motivationskurve

WITZIGSTE RECHERCHEERGEBNISSE

Tag 300 von 366 Tagen

Projekt	Genre	Deadline
Geplante Wortzahl	Geschriebene Wörter heute	Geschriebene Wörter gesamt

HÖCHSTES Tageswortziel BISHER

Kaffee ☐ | ☐ Tee

WAS WAR DEIN HEUTIGER Lieblingssatz?

Imagination

Spontan neuerfundene Charaktere:

Getötete Charaktere:

Änderungen in der Geschichte:

Verzweiflungsanfälle:

Schreibstimmung:

Überarbeitete Seiten:

GRÖSSTER Erfolg | GRÖSSTE Herausforderung

Motivationskurve

Witzigste Rechercheergebnisse

Tag 301 von 366 Tagen

Projekt | **Genre** | **Deadline**

Geplante Wortzahl | **Geschriebene Wörter heute** | **Geschriebene Wörter gesamt**

HÖCHSTES Tageswortziel BISHER

Kaffee ☐ | ☐ **Tee**

WAS WAR DEIN HEUTIGER Lieblingssatz?

Spontan neuerfundene Charaktere:
Verzweiflungsanfälle:
Überarbeitete Seiten:

Getötete Charaktere:
Schreibstimmung:

Änderungen in der Geschichte:

GRÖSSTER Erfolg / GRÖSSTE Herausforderung

Motivationskurve

Witzigste Rechercheergebnisse

Tag 302 von 366 Tagen

IDEAS		
Projekt	Genre	Deadline
Geplante Wortzahl	Geschriebene Wörter heute	Geschriebene Wörter gesamt

HÖCHSTES Tageswortziel BISHER

Kaffee ☐ | ☐ Tee

WAS WAR DEIN HEUTIGER Lieblingssatz?

Spontan neuerfundene Charaktere:

Getötete Charaktere:

Änderungen in der Geschichte:

Verzweiflungsanfälle:

Schreibstimmung:

Überarbeitete Seiten:

Grösster Erfolg | Grösste Herausforderung

Motivationskurve

Witzigste Rechercheergebnisse

Tag 303 von 366 Tagen

Projekt	Genre	Deadline

Geplante Wortzahl	Geschriebene Wörter heute	Geschriebene Wörter gesamt

HÖCHSTES Tageswortziel BISHER

Kaffee ☐ | ☐ Tee

WAS WAR DEIN HEUTIGER Lieblingssatz?

Spontan neuerfundene Charaktere:

Getötete Charaktere:

Änderungen in der Geschichte:

Verzweiflungsanfälle:

Schreibstimmung:

Überarbeitete Seiten:

GRÖSSTER Erfolg | GRÖSSTE Herausforderung

Motivationskurve

Witzigste Rechercheergebnisse

Tag 304 von 366 Tagen

Projekt	Genre	Deadline
Geplante Wortzahl	Geschriebene Wörter heute	Geschriebene Wörter gesamt

HÖCHSTES Tageswortziel BISHER

Kaffee ☐ | ☐ Tee

WAS WAR DEIN HEUTIGER Lieblingssatz?

Spontan neuerfundene Charaktere:

Getötete Charaktere:

Änderungen in der Geschichte:

Verzweiflungsanfälle:

Schreibstimmung:

Überarbeitete Seiten:

Grösster Erfolg | Grösste Herausforderung

Motivationskurve

Witzigste Recherchergebnisse

Tag 305 von 366 Tagen

Creativity

Projekt	Genre	Deadline
Geplante Wortzahl	Geschriebene Wörter heute	Geschriebene Wörter gesamt

---

HÖCHSTES Tageswortziel BISHER [ ]

Kaffee ☐ | ☐ Tee ☕ ☕ ☕ ☕ ☕ ☕ ☕ ☕

WAS WAR DEIN HEUTIGER Lieblingssatz?

[ ]

Imagination

- Spontan neuerfundene Charaktere:
- Getötete Charaktere:
- Änderungen in der Geschichte:
- Verzweiflungsanfälle:
- Schreibstimmung: 😊 😄 😍 🤔 😖 😵 ○ ○
- Überarbeitete Seiten: 😱 😢 😲 😎 ○ ○

GRÖSSTER Erfolg / GRÖSSTE Herausforderung

[ ]

Motivationskurve

Witzigste Rechercheergebnisse

Mein Schreibrückblick im **Oktober**

WRITE. WRITE. WRITE.

SOME LETTERS MAKE A WORD
SOME WORDS MAKE A SENTENCE
SOME SENTENCES MAKE A PAGE
SOME PAGES MAKE A CHAPTER
SOME CHAPTERS MAKE A BOOK

WRITE. WRITE. WRITE.

MEIN SCHREIBZIEL IM *November*

Projekt

Deadline

Tägliches Wörterziel

Gesamt Wortziel

Motivations-Monats-Mantra

Wichtige Infos zum *Projekt*?

To-Dos

1.
2.
3.
4.
5.
6.
7.
8.
9.
10.
11.
12.
13.
14.

Tag 306 von 366 Tagen

Projekt | **Genre** | **Deadline**

Geplante Wortzahl | **Geschriebene Wörter heute** | **Geschriebene Wörter gesamt**

HÖCHSTES Tageswortziel BISHER

Kaffee ☐ | ☐ Tee ☕ ☕ ☕ ☕ ☕ ☕ ☕ ☕

WAS WAR DEIN HEUTIGER Lieblingssatz?

- **Spontan neuerfundene Charaktere:**
- **Getötete Charaktere:**
- **Änderungen in der Geschichte:**
- **Verzweiflungsanfälle:**
- **Schreibstimmung:** 😀 😊 😍 🤤 😠 😐 ○ ○ 😤 😭 😳 😶 😎 ○ ○
- **Überarbeitete Seiten:**

GRÖSSTER Erfolg / GRÖSSTE Herausforderung

Motivationskurve

Witzigste Rechercheergebnisse

Tag 307 von 366 Tagen

PROJEKT

GENRE

DEADLINE

GEPLANTE WORTZAHL

GESCHRIEBENE WÖRTER HEUTE

GESCHRIEBENE WÖRTER GESAMT

HÖCHSTES **Tageswortziel** BISHER

Kaffee ☐ | ☐ Tee

WAS WAR DEIN HEUTIGER *Lieblingssatz*?

SPONTAN NEUERFUNDENE CHARAKTERE:

GETÖTETE CHARAKTERE:

ÄNDERUNGEN IN DER GESCHICHTE:

VERZWEIFLUNGSANFÄLLE:

SCHREIBSTIMMUNG:

ÜBERARBEITETE SEITEN:

GRÖSSTER *Erfolg* | GRÖSSTE *Herausforderung*

Motivationskurve

WITZIGSTE RECHERCHEERGEBNISSE

Tag 308 von 366 Tagen

Projekt .... **Genre** .... **Deadline** ....

Geplante Wortzahl .... **Geschriebene Wörter heute** .... **Geschriebene Wörter gesamt** ....

HÖCHSTES Tageswortziel BISHER [ ]

Kaffee ☐ | ☐ **Tee** ☕ ☕ ☕ ☕ ☕ ☕ ☕ ☕

WAS WAR DEIN HEUTIGER Lieblingssatz?

[ ]

Spontan neuerfundene Charaktere: .... **Getötete Charaktere:** .... **Änderungen in der Geschichte:** ....

Verzweiflungsanfälle: .... **Schreibstimmung:** 😄 😊 😍 🤢 😖 😕 ○ ○ ○

Überarbeitete Seiten: .... 🥵 😭 😟 ○ ○ 😳 😎 ○ ○

Grösster Erfolg / Grösste Herausforderung

[ ]

Motivationskurve

Witzigste Rechercheergebnisse

[ ]

Tag 309 von 366 Tagen

PROJEKT	GENRE	DEADLINE
GEPLANTE WORTZAHL	GESCHRIEBENE WÖRTER HEUTE	GESCHRIEBENE WÖRTER GESAMT

HÖCHSTES **Tageswortziel** BISHER

Kaffee ☐ | ☐ Tee

WAS WAR DEIN HEUTIGER *Lieblingssatz*?

Imagination

SPONTAN NEUERFUNDENE CHARAKTERE:	GETÖTETE CHARAKTERE:	ÄNDERUNGEN IN DER GESCHICHTE:
VERZWEIFLUNGSANFÄLLE:	SCHREIBSTIMMUNG:	
ÜBERARBEITETE SEITEN:		

GRÖSSTER *Erfolg* | GRÖSSTE *Herausforderung*

Motivationskurve

WITZIGSTE RECHERCHEERGEBNISSE

Tag 310 von 366 Tagen

Creativity

PROJEKT	GENRE	DEADLINE
GEPLANTE WORTZAHL	GESCHRIEBENE WÖRTER HEUTE	GESCHRIEBENE WÖRTER GESAMT

HÖCHSTES **Tageswortziel** BISHER

Kaffee ☐ | ☐ Tee

✓ WAS WAR DEIN HEUTIGER **Lieblingssatz**?

Imagination

- SPONTAN NEUERFUNDENE CHARAKTERE:
- GETÖTETE CHARAKTERE:
- ÄNDERUNGEN IN DER GESCHICHTE:
- VERZWEIFLUNGSANFÄLLE:
- SCHREIBSTIMMUNG:
- ÜBERARBEITETE SEITEN:

GRÖSSTER **Erfolg** | GRÖSSTE **Herausforderung**

Motivationskurve

WITZIGSTE RECHERCHEERGEBNISSE

Tag 311 von 366 Tagen

PROJEKT

GENRE

DEADLINE

GEPLANTE WORTZAHL

GESCHRIEBENE WÖRTER HEUTE

GESCHRIEBENE WÖRTER GESAMT

HÖCHSTES Tageswortziel BISHER

Kaffee ☐ | ☐ Tee

WAS WAR DEIN HEUTIGER Lieblingssatz?

SPONTAN NEUERFUNDENE CHARAKTERE:

GETÖTETE CHARAKTERE:

ÄNDERUNGEN IN DER GESCHICHTE:

VERZWEIFLUNGSANFÄLLE:

SCHREIBSTIMMUNG:

ÜBERARBEITETE SEITEN:

GRÖSSTER Erfolg | GRÖSSTE Herausforderung

Motivationskurve

WITZIGSTE RECHERCHEERGEBNISSE

Tag 312 von 366 Tagen

Projekt	Genre	Deadline

Geplante Wortzahl	Geschriebene Wörter heute	Geschriebene Wörter gesamt

HÖCHSTES Tageswortziel BISHER

Kaffee ☐ | ☐ Tee

WAS WAR DEIN HEUTIGER Lieblingssatz?

Spontan neuerfundene Charaktere:

Getötete Charaktere:

Änderungen in der Geschichte:

Verzweiflungsanfälle:

Schreibstimmung:

Überarbeitete Seiten:

GRÖSSTER Erfolg / GRÖSSTE Herausforderung

Motivationskurve

Witzigste Rechercheergebnisse

Tag 313 von 366 Tagen

PROJEKT

GENRE

DEADLINE

GEPLANTE WORTZAHL

GESCHRIEBENE WÖRTER HEUTE

GESCHRIEBENE WÖRTER GESAMT

HÖCHSTES Tageswortziel BISHER

Kaffee ☐ | ☐ Tee

WAS WAR DEIN HEUTIGER Lieblingssatz?

SPONTAN NEUERFUNDENE CHARAKTERE:

GETÖTETE CHARAKTERE:

ÄNDERUNGEN IN DER GESCHICHTE:

VERZWEIFLUNGSANFÄLLE:

SCHREIBSTIMMUNG:

ÜBERARBEITETE SEITEN:

GRÖSSTER Erfolg | GRÖSSTE Herausforderung

Motivationskurve

WITZIGSTE RECHERCHEERGEBNISSE

Tag 314 von 366 Tagen

Projekt

Genre

Deadline

Geplante Wortzahl

Geschriebene Wörter heute

Geschriebene Wörter gesamt

HÖCHSTES *Tageswortziel* BISHER

Kaffee ☐ | ☐ Tee

WAS WAR DEIN HEUTIGER *Lieblingssatz*?

Imagination

Spontan neuerfundene Charaktere:

Getötete Charaktere:

Änderungen in der Geschichte:

Verzweiflungsanfälle:

Schreibstimmung:

Überarbeitete Seiten:

Grösster *Erfolg* / Grösste *Herausforderung*

Motivationskurve

Witzigste Rechercheergebnisse

Tag 315 von 366 Tagen

Projekt

Genre

Deadline

Geplante Wortzahl

Geschriebene Wörter heute

Geschriebene Wörter gesamt

HÖCHSTES **Tageswortziel** BISHER

Kaffee ☐ | ☐ Tee

WAS WAR DEIN HEUTIGER *Lieblingssatz*?

Spontan neuerfundene Charaktere:

Getötete Charaktere:

Änderungen in der Geschichte:

Verzweiflungsanfälle:

Schreibstimmung:

Überarbeitete Seiten:

Grösster *Erfolg* | Grösste *Herausforderung*

Motivationskurve

Witzigste Rechercheergebnisse

Tag 316 von 366 Tagen

Projekt	Genre	Deadline

Geplante Wortzahl	Geschriebene Wörter heute	Geschriebene Wörter gesamt

HÖCHSTES Tageswortziel BISHER

Kaffee ☐ | ☐ Tee

WAS WAR DEIN HEUTIGER Lieblingssatz?

Spontan neuerfundene Charaktere:

Getötete Charaktere:

Änderungen in der Geschichte:

Verzweiflungsanfälle:

Schreibstimmung:

Überarbeitete Seiten:

GRÖSSTER Erfolg | GRÖSSTE Herausforderung

Motivationskurve

Witzigste Rechercheergebnisse

Tag 317 von 366 Tagen

PROJEKT | **GENRE** | **DEADLINE**

GEPLANTE WORTZAHL | **GESCHRIEBENE WÖRTER HEUTE** | **GESCHRIEBENE WÖRTER GESAMT**

HÖCHSTES Tageswortziel BISHER

Kaffee ☐ | ☐ Tee

WAS WAR DEIN HEUTIGER Lieblingssatz?

SPONTAN NEUERFUNDENE CHARAKTERE: | GETÖTETE CHARAKTERE: | ÄNDERUNGEN IN DER GESCHICHTE:

VERZWEIFLUNGSANFÄLLE: | SCHREIBSTIMMUNG:

ÜBERARBEITETE SEITEN:

GRÖSSTER Erfolg | GRÖSSTE Herausforderung

Motivationskurve

WITZIGSTE RECHERCHEERGEBNISSE

Tag 318 von 366 Tagen

IDEAS

PROJEKT

GENRE

DEADLINE

GEPLANTE WORTZAHL

GESCHRIEBENE WÖRTER HEUTE

GESCHRIEBENE WÖRTER GESAMT

HÖCHSTES **Tageswortziel** BISHER

Kaffee ☐ | ☐ Tee

WAS WAR DEIN HEUTIGER *Lieblingssatz*?

Imagination

SPONTAN NEUERFUNDENE CHARAKTERE:

GETÖTETE CHARAKTERE:

ÄNDERUNGEN IN DER GESCHICHTE:

VERZWEIFLUNGSANFÄLLE:

SCHREIBSTIMMUNG:

ÜBERARBEITETE SEITEN:

GRÖSSTER *Erfolg* / GRÖSSTE *Herausforderung*

Motivationskurve

WITZIGSTE RECHERCHEERGEBNISSE

Tag 319 von 366 Tagen

PROJEKT | GENRE | DEADLINE

GEPLANTE WORTZAHL | GESCHRIEBENE WÖRTER HEUTE | GESCHRIEBENE WÖRTER GESAMT

HÖCHSTES Tageswortziel BISHER

Kaffee ☐ | ☐ Tee

WAS WAR DEIN HEUTIGER Lieblingssatz?

SPONTAN NEUERFUNDENE CHARAKTERE: | GETÖTETE CHARAKTERE: | ÄNDERUNGEN IN DER GESCHICHTE:

VERZWEIFLUNGSANFÄLLE:

ÜBERARBEITETE SEITEN:

SCHREIBSTIMMUNG:

GRÖSSTER Erfolg | GRÖSSTE Herausforderung

Motivationskurve

WITZIGSTE RECHERCHEERGEBNISSE

Tag 320 von 366 Tagen

Projekt | Genre | Deadline

Geplante Wortzahl | Geschriebene Wörter heute | Geschriebene Wörter gesamt

HÖCHSTES Tageswortziel BISHER

Kaffee ☐ | ☐ Tee

WAS WAR DEIN HEUTIGER Lieblingssatz?

Spontan neuerfundene Charaktere: | Getötete Charaktere: | Änderungen in der Geschichte:

Verzweiflungsanfälle: | Schreibstimmung:

Überarbeitete Seiten:

GRÖSSTER Erfolg / GRÖSSTE Herausforderung

Motivationskurve

Witzigste Rechercheergebnisse

Tag 321 von 366 Tagen

PROJEKT

GENRE

DEADLINE

GEPLANTE WORTZAHL

GESCHRIEBENE WÖRTER HEUTE

GESCHRIEBENE WÖRTER GESAMT

HÖCHSTES Tageswortziel BISHER

Kaffee ☐ | ☐ Tee

WAS WAR DEIN HEUTIGER Lieblingssatz?

SPONTAN NEUERFUNDENE CHARAKTERE:

GETÖTETE CHARAKTERE:

ÄNDERUNGEN IN DER GESCHICHTE:

VERZWEIFLUNGSANFÄLLE:

SCHREIBSTIMMUNG:

ÜBERARBEITETE SEITEN:

GRÖSSTER Erfolg | GRÖSSTE Herausforderung

Motivationskurve

WITZIGSTE RECHERCHEERGEBNISSE

Tag 322 von 366 Tagen

IDEAS

PROJEKT GENRE DEADLINE

GEPLANTE WORTZAHL GESCHRIEBENE WÖRTER HEUTE GESCHRIEBENE WÖRTER GESAMT

HÖCHSTES **Tageswortziel** BISHER

Kaffee ☐ | ☐ Tee

WAS WAR DEIN HEUTIGER *Lieblingssatz*?

Imagination

SPONTAN NEUERFUNDENE CHARAKTERE: GETÖTETE CHARAKTERE: ÄNDERUNGEN IN DER GESCHICHTE:

VERZWEIFLUNGSANFÄLLE: SCHREIBSTIMMUNG:

ÜBERARBEITETE SEITEN:

GRÖSSTER *Erfolg* | GRÖSSTE *Herausforderung*

Motivationskurve

WITZIGSTE RECHERCHEERGEBNISSE

Tag 323 von 366 Tagen

PROJEKT | **GENRE** | **DEADLINE**

GEPLANTE WORTZAHL | **GESCHRIEBENE WÖRTER HEUTE** | **GESCHRIEBENE WÖRTER GESAMT**

HÖCHSTES Tageswortziel BISHER

Kaffee ☐ | ☐ **Tee**   ☕ ☕ ☕ ☕ ☕ ☕ ☕ ☕

↙ **WAS WAR DEIN HEUTIGER Lieblingssatz?**

Imagination

SPONTAN NEUERFUNDENE CHARAKTERE: | GETÖTETE CHARAKTERE: | ÄNDERUNGEN IN DER GESCHICHTE:

VERZWEIFLUNGSANFÄLLE: | SCHREIBSTIMMUNG: 😊 😊 🥰 😟 🤢 😐 ○ ○

ÜBERARBEITETE SEITEN: | 😱 😭 😨 😵 😎 ○ ○

GRÖSSTER **Erfolg** | GRÖSSTE **Herausforderung**

Motivationskurve

WITZIGSTE RECHERCHEERGEBNISSE

Tag 324 von 366 Tagen

IDEAS

Projekt .... Genre .... Deadline ....

Geplante Wortzahl .... Geschriebene Wörter heute .... Geschriebene Wörter gesamt ....

HÖCHSTES Tageswortziel BISHER

Kaffee ☐ | ☐ Tee ☕ ☕ ☕ ☕ ☕ ☕ ☕ ☕

WAS WAR DEIN HEUTIGER Lieblingssatz?

Imagination

Spontan neuerfundene Charaktere: .... Getötete Charaktere: .... Änderungen in der Geschichte: ....

Verzweiflungsanfälle: .... Schreibstimmung: 😊 🙂 🤩 😤 😖 😐 ◯ ◯

Überarbeitete Seiten: .... 😱 🤒 😨 😵 😒 😎 ◯ ◯

GRÖSSTER *Erfolg* / GRÖSSTE *Herausforderung*

Motivationskurve

WITZIGSTE RECHERCHEERGEBNISSE

Tag 325 von 366 Tagen

Projekt | Genre | Deadline

Geplante Wortzahl | Geschriebene Wörter heute | Geschriebene Wörter gesamt

---

HÖCHSTES Tageswortziel BISHER

Kaffee ☐ | ☐ Tee ☕☕☕☕☕☕☕☕

WAS WAR DEIN HEUTIGER Lieblingssatz?

Spontan neuerfundene Charaktere: | Getötete Charaktere: | Änderungen in der Geschichte:

Verzweiflungsanfälle: | Schreibstimmung: 😊😌😍😘😝😐 ○ ○
Überarbeitete Seiten: | 😨😭😦😳😎 ○ ○

Grösster Erfolg | Grösste Herausforderung

Motivationskurve

Witzigste Rechercheergebnisse

Tag 326 von 366 Tagen

Projekt

Genre

Deadline

Geplante Wortzahl

Geschriebene Wörter heute

Geschriebene Wörter gesamt

HÖCHSTES **Tageswortziel** BISHER

Kaffee ☐ | ☐ Tee

WAS WAR DEIN HEUTIGER **Lieblingssatz**?

Spontan neuerfundene Charaktere:

Getötete Charaktere:

Änderungen in der Geschichte:

Verzweiflungsanfälle:

Schreibstimmung:

Überarbeitete Seiten:

GRÖSSTER **Erfolg** | GRÖSSTE **Herausforderung**

Motivationskurve

Witzigste Recherchergebnisse

Tag 327 von 366 Tagen

PROJEKT

GENRE

DEADLINE

GEPLANTE WORTZAHL

GESCHRIEBENE WÖRTER HEUTE

GESCHRIEBENE WÖRTER GESAMT

HÖCHSTES **Tageswortziel** BISHER

Kaffee ☐ | ☐ Tee

WAS WAR DEIN HEUTIGER *Lieblingssatz*?

Imagination

SPONTAN NEUERFUNDENE CHARAKTERE:

GETÖTETE CHARAKTERE:

ÄNDERUNGEN IN DER GESCHICHTE:

VERZWEIFLUNGSANFÄLLE:

SCHREIBSTIMMUNG:

ÜBERARBEITETE SEITEN:

GRÖSSTER *Erfolg* | GRÖSSTE *Herausforderung*

Motivationskurve

WITZIGSTE RECHERCHEERGEBNISSE

Tag 328 von 366 Tagen

Projekt	Genre	Deadline
Geplante Wortzahl	Geschriebene Wörter heute	Geschriebene Wörter gesamt

HÖCHSTES **Tageswortziel** BISHER

Kaffee ☐ | ☐ Tee

WAS WAR DEIN HEUTIGER **Lieblingssatz**?

Spontan neuerfundene Charaktere: Getötete Charaktere: Änderungen in der Geschichte:

Verzweiflungsanfälle: Schreibstimmung:

Überarbeitete Seiten:

GRÖSSTER **Erfolg** | GRÖSSTE **Herausforderung**

Motivationskurve

Witzigste Rechercheergebnisse

Tag 329 von 366 Tagen

Projekt | **Genre** | **Deadline**

Geplante Wortzahl | **Geschriebene Wörter heute** | **Geschriebene Wörter gesamt**

Höchstes Tageswortziel bisher

Kaffee ☐ | ☐ Tee ☕☕☕☕☕☕☕☕

Was war dein heutiger Lieblingssatz?

Spontan neuerfundene Charaktere: | Getötete Charaktere: | Änderungen in der Geschichte:

Verzweiflungsanfälle: | Schreibstimmung: 😊😄🥰🤢😐 ⚪⚪

Überarbeitete Seiten: | 😱😭🥺🤪😎 ⚪⚪

Grösster Erfolg | Grösste Herausforderung

Motivationskurve

Witzigste Rechercheergebnisse

Tag 330 von 366 Tagen

PROJEKT | **GENRE** | **DEADLINE**

GEPLANTE WORTZAHL | **GESCHRIEBENE WÖRTER HEUTE** | **GESCHRIEBENE WÖRTER GESAMT**

HÖCHSTES Tageswortziel BISHER

Kaffee ☐ | ☐ Tee

WAS WAR DEIN HEUTIGER Lieblingssatz?

SPONTAN NEUERFUNDENE CHARAKTERE: | GETÖTETE CHARAKTERE: | ÄNDERUNGEN IN DER GESCHICHTE:

VERZWEIFLUNGSANFÄLLE: | SCHREIBSTIMMUNG:

ÜBERARBEITETE SEITEN:

GRÖSSTER Erfolg / GRÖSSTE Herausforderung

Motivationskurve

WITZIGSTE RECHERCHEERGEBNISSE

Tag 331 von 366 Tagen

Projekt

Genre

Deadline

Geplante Wortzahl

Geschriebene Wörter heute

Geschriebene Wörter gesamt

HÖCHSTES Tageswortziel BISHER

Kaffee ☐ | ☐ Tee

WAS WAR DEIN HEUTIGER Lieblingssatz?

Spontan neuerfundene Charaktere:

Getötete Charaktere:

Änderungen in der Geschichte:

Verzweiflungsanfälle:

Schreibstimmung:

Überarbeitete Seiten:

Grösster Erfolg | Grösste Herausforderung

Motivationskurve

Witzigste Rechercheergebnisse

Tag 332 von 366 Tagen

PROJEKT

GENRE

DEADLINE

GEPLANTE WORTZAHL

GESCHRIEBENE WÖRTER HEUTE

GESCHRIEBENE WÖRTER GESAMT

HÖCHSTES Tageswortziel BISHER

Kaffee ☐ | ☐ Tee

WAS WAR DEIN HEUTIGER Lieblingssatz?

SPONTAN NEUERFUNDENE CHARAKTERE:

GETÖTETE CHARAKTERE:

ÄNDERUNGEN IN DER GESCHICHTE:

VERZWEIFLUNGSANFÄLLE:

SCHREIBSTIMMUNG:

ÜBERARBEITETE SEITEN:

GRÖSSTER Erfolg | GRÖSSTE Herausforderung

Motivationskurve

WITZIGSTE RECHERCHEERGEBNISSE

Tag 333 von 366 Tagen

PROJEKT

GENRE

DEADLINE

GEPLANTE WORTZAHL

GESCHRIEBENE WÖRTER HEUTE

GESCHRIEBENE WÖRTER GESAMT

HÖCHSTES **Tageswortziel** BISHER

Kaffee ☐ | ☐ Tee

↪ WAS WAR DEIN HEUTIGER *Lieblingssatz*?

Imagination

SPONTAN NEUERFUNDENE CHARAKTERE:

GETÖTETE CHARAKTERE:

ÄNDERUNGEN IN DER GESCHICHTE:

VERZWEIFLUNGSANFÄLLE:

SCHREIBSTIMMUNG:

ÜBERARBEITETE SEITEN:

GRÖSSTER *Erfolg* | GRÖSSTE *Herausforderung*

Motivationskurve

WITZIGSTE RECHERCHEERGEBNISSE

Tag 334 von 366 Tagen

Projekt

Genre

Deadline

Geplante Wortzahl

Geschriebene Wörter heute

Geschriebene Wörter gesamt

HÖCHSTES **Tageswortziel** BISHER

Kaffee ☐ | ☐ Tee

WAS WAR DEIN HEUTIGER *Lieblingssatz*?

Spontan neuerfundene Charaktere:

Getötete Charaktere:

Änderungen in der Geschichte:

Verzweiflungsanfälle:

Schreibstimmung:

Überarbeitete Seiten:

GRÖSSTER *Erfolg* | GRÖSSTE *Herausforderung*

Motivationskurve

Witzigste Recherchergebnisse

Tag 335 von 366 Tagen

PROJEKT

GENRE

DEADLINE

GEPLANTE WORTZAHL

GESCHRIEBENE WÖRTER HEUTE

GESCHRIEBENE WÖRTER GESAMT

HÖCHSTES **Tageswortziel** BISHER

Kaffee ☐ | ☐ Tee ☕ ☕ ☕ ☕ ☕ ☕ ☕ ☕

WAS WAR DEIN HEUTIGER **Lieblingssatz**?

SPONTAN NEUERFUNDENE CHARAKTERE:

GETÖTETE CHARAKTERE:

ÄNDERUNGEN IN DER GESCHICHTE:

VERZWEIFLUNGSANFÄLLE:

SCHREIBSTIMMUNG: 😁 😊 😍 🤢 😐 ⚪ ⚪ ⚪
😱 😭 ☹️ 😎 ⚪ ⚪ ⚪

ÜBERARBEITETE SEITEN:

GRÖSSTER **Erfolg** | GRÖSSTE **Herausforderung**

Motivationskurve

WITZIGSTE RECHERCHEERGEBNISSE

Schreibgedanke:

Über was würdest Du gerne noch schreiben?
Notiere Deine Ideen!

Mein Schreibrückblick im *November*

I will write until
not a single word
remains in my soul.
Until every story
in my heart
has been told.
Until my mind's well
of ideas is bone dry.
And even then
I will write on,
because writing is not
just something I do,
but part of who I am.

Kathy R. Jeffords

Mein Schreibziel im *Dezember*

Projekt

Deadline

Tägliches Wörterziel

Gesamt Wortziel

Motivations-Monats-Mantra

Wichtige Infos zum *Projekt*?

To-Dos

1.
2.
3.
4.
5.
6.
7.
8.
9.
10.
11.
12.
13.
14.

Tag 336 von 366 Tagen

Projekt .... **Genre** .... **Deadline** ....

Geplante Wortzahl .... **Geschriebene Wörter heute** .... **Geschriebene Wörter gesamt** ....

HÖCHSTES Tageswortziel BISHER [............]

Kaffee ☐ | ☐ Tee ☕ ☕ ☕ ☕ ☕ ☕ ☕ ☕

WAS WAR DEIN HEUTIGER Lieblingssatz?

[....]

Spontan neuerfundene Charaktere: .... **Getötete Charaktere:** .... **Änderungen in der Geschichte:** ....

Verzweiflungsanfälle: .... **Schreibstimmung:** 😊 😄 😍 🤢 😐 ○ ○ ○

Überarbeitete Seiten: .... 😱 😭 😟 😮 😎 ○ ○ ○

GRÖSSTER Erfolg | GRÖSSTE Herausforderung

[....]

Motivationskurve

Witzigste Rechercheergebnisse ....

Tag 337 von 366 Tagen

PROJEKT | GENRE | DEADLINE

GEPLANTE WORTZAHL | GESCHRIEBENE WÖRTER HEUTE | GESCHRIEBENE WÖRTER GESAMT

HÖCHSTES **Tageswortziel** BISHER

Kaffee ☐ | ☐ Tee

WAS WAR DEIN HEUTIGER *Lieblingssatz*?

SPONTAN NEUERFUNDENE CHARAKTERE: | GETÖTETE CHARAKTERE: | ÄNDERUNGEN IN DER GESCHICHTE:

VERZWEIFLUNGSANFÄLLE: | SCHREIBSTIMMUNG:

ÜBERARBEITETE SEITEN:

GRÖSSTER *Erfolg* | GRÖSSTE *Herausforderung*

Motivationskurve

WITZIGSTE RECHERCHEERGEBNISSE

Tag 338 von 366 Tagen

Projekt | Genre | Deadline

Geplante Wortzahl | Geschriebene Wörter heute | Geschriebene Wörter gesamt

---

HÖCHSTES **Tageswortziel** BISHER

Kaffee ☐ | ☐ Tee ☕☕☕☕☕☕☕☕

WAS WAR DEIN HEUTIGER *Lieblingssatz*?

Spontan neuerfundene Charaktere: | Getötete Charaktere: | Änderungen in der Geschichte:

Verzweiflungsanfälle: | Schreibstimmung:

Überarbeitete Seiten:

Grösster **Erfolg** / Grösste **Herausforderung**

Motivationskurve

Witzigste Recherchergebnisse

Tag 339 von 366 Tagen

PROJEKT

GENRE

DEADLINE

GEPLANTE WORTZAHL

GESCHRIEBENE WÖRTER HEUTE

GESCHRIEBENE WÖRTER GESAMT

HÖCHSTES **Tageswortziel** BISHER

Kaffee ☐ | ☐ Tee

WAS WAR DEIN HEUTIGER *Lieblingssatz*?

SPONTAN NEUERFUNDENE CHARAKTERE:

GETÖTETE CHARAKTERE:

ÄNDERUNGEN IN DER GESCHICHTE:

VERZWEIFLUNGSANFÄLLE:

SCHREIBSTIMMUNG:

ÜBERARBEITETE SEITEN:

GRÖSSTER *Erfolg* / GRÖSSTE *Herausforderung*

Motivationskurve

WITZIGSTE RECHERCHEERGEBNISSE

Tag 340 von 366 Tagen

Creativity

Projekt	Genre	Deadline

Geplante Wortzahl	Geschriebene Wörter heute	Geschriebene Wörter gesamt

HÖCHSTES Tageswortziel BISHER

Kaffee ☐ | ☐ Tee

WAS WAR DEIN HEUTIGER Lieblingssatz?

Imagination

Spontan neuerfundene Charaktere:	Getötete Charaktere:	Änderungen in der Geschichte:

Verzweiflungsanfälle:

Schreibstimmung:

Überarbeitete Seiten:

GRÖSSTER Erfolg / GRÖSSTE Herausforderung

Motivationskurve

Witzigste Rechercheergebnisse

Tag 341 von 366 Tagen

PROJEKT • GENRE • DEADLINE

GEPLANTE WORTZAHL • GESCHRIEBENE WÖRTER HEUTE • GESCHRIEBENE WÖRTER GESAMT

HÖCHSTES Tageswortziel BISHER

Kaffee ☐ | ☐ Tee

WAS WAR DEIN HEUTIGER Lieblingssatz?

SPONTAN NEUERFUNDENE CHARAKTERE: • GETÖTETE CHARAKTERE: • ÄNDERUNGEN IN DER GESCHICHTE:

VERZWEIFLUNGSANFÄLLE: • SCHREIBSTIMMUNG:

ÜBERARBEITETE SEITEN:

GRÖSSTER Erfolg | GRÖSSTE Herausforderung

Motivationskurve

WITZIGSTE RECHERCHEERGEBNISSE

Tag 342 von 366 Tagen

Projekt

Genre

Deadline

Geplante Wortzahl

Geschriebene Wörter heute

Geschriebene Wörter gesamt

HÖCHSTES Tageswortziel BISHER

Kaffee ☐ | ☐ **Tee**

WAS WAR DEIN HEUTIGER Lieblingssatz?

Spontan neuerfundene Charaktere:

Getötete Charaktere:

Änderungen in der Geschichte:

Verzweiflungsanfälle:

Schreibstimmung:

Überarbeitete Seiten:

Grösster Erfolg | Grösste Herausforderung

Motivationskurve

Witzigste Rechercheergebnisse

Tag 343 von 366 Tagen

PROJEKT	GENRE	DEADLINE
GEPLANTE WORTZAHL	GESCHRIEBENE WÖRTER HEUTE	GESCHRIEBENE WÖRTER GESAMT

HÖCHSTES Tageswortziel BISHER

Kaffee ☐ | ☐ Tee

Was war dein heutiger Lieblingssatz?

SPONTAN NEUERFUNDENE CHARAKTERE:

GETÖTETE CHARAKTERE:

ÄNDERUNGEN IN DER GESCHICHTE:

VERZWEIFLUNGSANFÄLLE:

SCHREIBSTIMMUNG:

ÜBERARBEITETE SEITEN:

GRÖSSTER Erfolg | GRÖSSTE Herausforderung

Motivationskurve

WITZIGSTE RECHERCHEERGEBNISSE

Tag 344 von 366 Tagen

Projekt	Genre	Deadline

Geplante Wortzahl	Geschriebene Wörter heute	Geschriebene Wörter gesamt

HÖCHSTES Tageswortziel BISHER

Kaffee ☐ | ☐ Tee

WAS WAR DEIN HEUTIGER Lieblingssatz?

Spontan neuerfundene Charaktere:

Getötete Charaktere:

Änderungen in der Geschichte:

Verzweiflungsanfälle:

Schreibstimmung:

Überarbeitete Seiten:

GRÖSSTER Erfolg / GRÖSSTE Herausforderung

Motivationskurve

Witzigste Rechercheergebnisse

Tag 345 von 366 Tagen

Projekt

Genre

Deadline

Geplante Wortzahl

Geschriebene Wörter heute

Geschriebene Wörter gesamt

HÖCHSTES **Tageswortziel** BISHER

Kaffee ☐ | ☐ Tee

WAS WAR DEIN HEUTIGER *Lieblingssatz*?

Imagination

Spontan neuerfundene Charaktere:

Getötete Charaktere:

Änderungen in der Geschichte:

Verzweiflungsanfälle:

Schreibstimmung: 😊 😄 😍 🤭 😐 ○ ○

Überarbeitete Seiten:

😲 😭 😟 💤 😠 😎 ○ ○

Grösster *Erfolg* | Grösste *Herausforderung*

Motivationskurve

Witzigste Rechercheergebnisse

Tag 346 von 366 Tagen

Creativity

Projekt	Genre	Deadline

Stay Focus

Geplante Wortzahl	Geschriebene Wörter heute	Geschriebene Wörter gesamt

HÖCHSTES **Tageswortziel** BISHER

Kaffee ☐ | ☐ Tee

WAS WAR DEIN HEUTIGER *Lieblingssatz*?

Imagination

Spontan neuerfundene Charaktere:	Getötete Charaktere:	Änderungen in der Geschichte:
Verzweiflungsanfälle:	Schreibstimmung:	
Überarbeitete Seiten:		

GRÖSSTER *Erfolg* / GRÖSSTE *Herausforderung*

Motivationskurve

Witzigste Recherchergebnisse

346

Tag 347 von 366 Tagen

PROJEKT

GENRE

DEADLINE

GEPLANTE WORTZAHL

GESCHRIEBENE WÖRTER HEUTE

GESCHRIEBENE WÖRTER GESAMT

HÖCHSTES **Tageswortziel** BISHER

Kaffee ☐ | ☐ Tee

WAS WAR DEIN HEUTIGER *Lieblingssatz*?

SPONTAN NEUERFUNDENE CHARAKTERE:

GETÖTETE CHARAKTERE:

ÄNDERUNGEN IN DER GESCHICHTE:

VERZWEIFLUNGSANFÄLLE:

SCHREIBSTIMMUNG:

ÜBERARBEITETE SEITEN:

GRÖSSTER *Erfolg* | GRÖSSTE *Herausforderung*

Motivationskurve

WITZIGSTE RECHERCHEERGEBNISSE

Tag 348 von 366 Tagen

Projekt	Genre	Deadline

Geplante Wortzahl	Geschriebene Wörter heute	Geschriebene Wörter gesamt

HÖCHSTES Tageswortziel BISHER

Kaffee ☐ | ☐ Tee

WAS WAR DEIN HEUTIGER Lieblingssatz?

Spontan neuerfundene Charaktere:

Getötete Charaktere:

Änderungen in der Geschichte:

Verzweiflungsanfälle:

Schreibstimmung:

Überarbeitete Seiten:

GRÖSSTER Erfolg | GRÖSSTE Herausforderung

Motivationskurve

Witzigste Rechercheergebnisse

Tag 349 von 366 Tagen

Projekt ....

Genre ....

Deadline ....

Geplante Wortzahl ....

Geschriebene Wörter heute ....

Geschriebene Wörter gesamt ....

HÖCHSTES Tageswortziel BISHER

Kaffee ☐ | ☐ Tee

WAS WAR DEIN HEUTIGER Lieblingssatz?

Spontan neuerfundene Charaktere:

getötete Charaktere:

Änderungen in der Geschichte:

Verzweiflungsanfälle:

Schreibstimmung:

Überarbeitete Seiten:

GRÖSSTER Erfolg | GRÖSSTE Herausforderung

Motivationskurve

Witzigste Rechercheergebnisse

349

Tag 350 von 366 Tagen

Projekt

Genre

Deadline

Geplante Wortzahl

Geschriebene Wörter heute

Geschriebene Wörter gesamt

HÖCHSTES **Tageswortziel** BISHER

Kaffee ☐ | ☐ Tee

WAS WAR DEIN HEUTIGER **Lieblingssatz**?

Spontan neuerfundene Charaktere:

Getötete Charaktere:

Änderungen in der Geschichte:

Verzweiflungsanfälle:

Schreibstimmung:

Überarbeitete Seiten:

Grösster **Erfolg** / Grösste **Herausforderung**

Motivationskurve

Witzigste Rechercheergebnisse

Tag 351 von 366 Tagen

Projekt

Genre

Deadline

Geplante Wortzahl

Geschriebene Wörter heute

Geschriebene Wörter gesamt

HÖCHSTES Tageswortziel BISHER

Kaffee ☐ | ☐ Tee

WAS WAR DEIN HEUTIGER Lieblingssatz?

Spontan neuerfundene Charaktere:

Getötete Charaktere:

Änderungen in der Geschichte:

Verzweiflungsanfälle:

Schreibstimmung:

Überarbeitete Seiten:

Grösster Erfolg | Grösste Herausforderung

Motivationskurve

Witzigste Rechercheergebnisse

Tag 352 von 366 Tagen

IDEAS

PROJEKT | GENRE | DEADLINE

GEPLANTE WORTZAHL | GESCHRIEBENE WÖRTER HEUTE | GESCHRIEBENE WÖRTER GESAMT

HÖCHSTES **Tageswortziel** BISHER

Kaffee ☐ | ☐ Tee

WAS WAR DEIN HEUTIGER **Lieblingssatz**?

Imagination

SPONTAN NEUERFUNDENE CHARAKTERE: | GETÖTETE CHARAKTERE: | ÄNDERUNGEN IN DER GESCHICHTE:

VERZWEIFLUNGSANFÄLLE: | SCHREIBSTIMMUNG:

ÜBERARBEITETE SEITEN:

GRÖSSTER **Erfolg** / GRÖSSTE **Herausforderung**

Motivationskurve

WITZIGSTE RECHERCHEERGEBNISSE

Tag 353 von 366 Tagen

PROJEKT

GENRE

DEADLINE

GEPLANTE WORTZAHL

GESCHRIEBENE WÖRTER HEUTE

GESCHRIEBENE WÖRTER GESAMT

HÖCHSTES **Tageswortziel** BISHER

Kaffee ☐ | ☐ Tee

WAS WAR DEIN HEUTIGER *Lieblingssatz*?

SPONTAN NEUERFUNDENE CHARAKTERE:

GETÖTETE CHARAKTERE:

ÄNDERUNGEN IN DER GESCHICHTE:

VERZWEIFLUNGSANFÄLLE:

SCHREIBSTIMMUNG:

ÜBERARBEITETE SEITEN:

GRÖSSTER *Erfolg* | GRÖSSTE *Herausforderung*

Motivationskurve

WITZIGSTE RECHERCHEERGEBNISSE

Tag 354 von 366 Tagen

Creativity

Projekt	Genre	Deadline
Geplante Wortzahl	Geschriebene Wörter heute	Geschriebene Wörter gesamt

HÖCHSTES Tageswortziel BISHER

Kaffee ☐ | ☐ Tee ☕ ☕ ☕ ☕ ☕ ☕ ☕ ☕

WAS WAR DEIN HEUTIGER Lieblingssatz?

Imagination

Spontan neuerfundene Charaktere:	Getötete Charaktere:	Änderungen in der Geschichte:
Verzweiflungsanfälle:	Schreibstimmung: 😊 😄 🤒 🤢 😣 😐 ⚪	
Überarbeitete Seiten:	😨 🤐 😧 😮 😲 😎 ⚪ ⚪	

GRÖSSTER Erfolg | GRÖSSTE Herausforderung

Motivationskurve

WITZIGSTE RECHERCHEERGEBNISSE

Tag 355 von 366 Tagen

Projekt	Genre	Deadline
Geplante Wortzahl	Geschriebene Wörter heute	Geschriebene Wörter gesamt

Höchstes Tageswortziel bisher

Kaffee ☐ | ☐ Tee

Was war dein heutiger Lieblingssatz?

Spontan neuerfundene Charaktere:

Getötete Charaktere:

Änderungen in der Geschichte:

Verzweiflungsanfälle:

Schreibstimmung:

Überarbeitete Seiten:

Grösster Erfolg | Grösste Herausforderung

Motivationskurve

Witzigste Recherchergebnisse

Tag 356 von 366 Tagen

Projekt	Genre	Deadline
Geplante Wortzahl	Geschriebene Wörter heute	Geschriebene Wörter gesamt

HÖCHSTES Tageswortziel BISHER

Kaffee ☐ | ☐ Tee

Was war dein heutiger Lieblingssatz?

Spontan neuerfundene Charaktere:

Getötete Charaktere:

Änderungen in der Geschichte:

Verzweiflungsanfälle:

Schreibstimmung:

Überarbeitete Seiten:

Grösster Erfolg | Grösste Herausforderung

Motivationskurve

Witzigste Rechercheergebnisse

Tag 357 von 366 Tagen

PROJEKT

GENRE

DEADLINE

GEPLANTE WORTZAHL

GESCHRIEBENE WÖRTER HEUTE

GESCHRIEBENE WÖRTER GESAMT

HÖCHSTES **Tageswortziel** BISHER

Kaffee ☐ | ☐ Tee

WAS WAR DEIN HEUTIGER *Lieblingssatz*?

SPONTAN NEUERFUNDENE CHARAKTERE:

GETÖTETE CHARAKTERE:

ÄNDERUNGEN IN DER GESCHICHTE:

VERZWEIFLUNGSANFÄLLE:

SCHREIBSTIMMUNG:

ÜBERARBEITETE SEITEN:

GRÖSSTER *Erfolg* | GRÖSSTE *Herausforderung*

Motivationskurve

WITZIGSTE RECHERCHEERGEBNISSE

Tag 358 von 366 Tagen

Projekt	Genre	Deadline
Geplante Wortzahl	Geschriebene Wörter heute	Geschriebene Wörter gesamt

HÖCHSTES Tageswortziel BISHER

Kaffee ☐ | ☐ Tee

Was war dein heutiger Lieblingssatz?

Spontan neuerfundene Charaktere: Getötete Charaktere: Änderungen in der Geschichte:

Verzweiflungsanfälle: Schreibstimmung:

Überarbeitete Seiten:

Grösster Erfolg | Grösste Herausforderung

Motivationskurve

Witzigste Rechercheergebnisse

Tag 359 von 366 Tagen

PROJEKT GENRE DEADLINE

GEPLANTE WORTZAHL GESCHRIEBENE WÖRTER HEUTE GESCHRIEBENE WÖRTER GESAMT

HÖCHSTES **Tageswortziel** BISHER

Kaffee ☐ | ☐ Tee

WAS WAR DEIN HEUTIGER *Lieblingssatz*?

Imagination

SPONTAN NEUERFUNDENE CHARAKTERE: GETÖTETE CHARAKTERE: ÄNDERUNGEN IN DER GESCHICHTE:

VERZWEIFLUNGSANFÄLLE: SCHREIBSTIMMUNG:

ÜBERARBEITETE SEITEN:

GRÖSSTER *Erfolg* | GRÖSSTE *Herausforderung*

Motivationskurve

WITZIGSTE RECHERCHEERGEBNISSE

Tag 360 von 366 Tagen

Creativity

PROJEKT	GENRE	DEADLINE

GEPLANTE WORTZAHL	GESCHRIEBENE WÖRTER HEUTE	GESCHRIEBENE WÖRTER GESAMT

HÖCHSTES Tageswortziel BISHER

Kaffee ☐ | ☐ Tee ☕ ☕ ☕ ☕ ☕ ☕ ☕ ☕

WAS WAR DEIN HEUTIGER Lieblingssatz?

Imagination

SPONTAN NEUERFUNDENE CHARAKTERE:	GETÖTETE CHARAKTERE:	ÄNDERUNGEN IN DER GESCHICHTE:

VERZWEIFLUNGSANFÄLLE:	SCHREIBSTIMMUNG: 😊 😄 😤 😢 😠 😐 ○ ○
ÜBERARBEITETE SEITEN:	😱 😭 😨 😶 😷 😎 ○ ○

GRÖSSTER *Erfolg* | GRÖSSTE *Herausforderung*

Motivationskurve

WITZIGSTE RECHERCHEERGEBNISSE

Tag 361 von 366 Tagen

Projekt

Genre

Deadline

Geplante Wortzahl

Geschriebene Wörter heute

Geschriebene Wörter gesamt

HÖCHSTES Tageswortziel BISHER

Kaffee ☐ | ☐ Tee

WAS WAR DEIN HEUTIGER Lieblingssatz?

Spontan neuerfundene Charaktere:

Getötete Charaktere:

Änderungen in der Geschichte:

Verzweiflungsanfälle:

Schreibstimmung:

Überarbeitete Seiten:

Grösster Erfolg | Grösste Herausforderung

Motivationskurve

Witzigste Recherchergebnisse

Tag 362 von 366 Tagen

IDEAS

PROJEKT	GENRE	DEADLINE

GEPLANTE WORTZAHL	GESCHRIEBENE WÖRTER HEUTE	GESCHRIEBENE WÖRTER GESAMT

HÖCHSTES Tageswortziel BISHER

Kaffee ☐ | ☐ Tee

WAS WAR DEIN HEUTIGER Lieblingssatz?

SPONTAN NEUERFUNDENE CHARAKTERE:

GETÖTETE CHARAKTERE:

ÄNDERUNGEN IN DER GESCHICHTE:

VERZWEIFLUNGSANFÄLLE:

SCHREIBSTIMMUNG:

ÜBERARBEITETE SEITEN:

GRÖSSTER Erfolg / GRÖSSTE Herausforderung

Motivationskurve

WITZIGSTE RECHERCHEERGEBNISSE

Tag 363 von 366 Tagen

Projekt	Genre	Deadline
Geplante Wortzahl	Geschriebene Wörter heute	Geschriebene Wörter gesamt

HÖCHSTES Tageswortziel BISHER

Kaffee ☐ | ☐ Tee

WAS WAR DEIN HEUTIGER Lieblingssatz?

Spontan neuerfundene Charaktere:

Verzweiflungsanfälle:

Überarbeitete Seiten:

Getötete Charaktere:

Schreibstimmung:

Änderungen in der Geschichte:

GRÖSSTER Erfolg | GRÖSSTE Herausforderung

Motivationskurve

Witzigste Rechercheergebnisse

Tag 364 von 366 Tagen

Projekt	Genre	Deadline

Geplante Wortzahl	Geschriebene Wörter heute	Geschriebene Wörter gesamt

HÖCHSTES Tageswortziel BISHER

Kaffee ☐ | ☐ Tee

WAS WAR DEIN HEUTIGER Lieblingssatz?

Spontan neuerfundene Charaktere:

Getötete Charaktere:

Änderungen in der Geschichte:

Verzweiflungsanfälle:

Schreibstimmung:

Überarbeitete Seiten:

Grösster Erfolg | Grösste Herausforderung

Motivationskurve

Witzigste Rechercheergebnisse

Tag 365 von 366 Tagen

PROJEKT

GENRE

DEADLINE

GEPLANTE WORTZAHL

GESCHRIEBENE WÖRTER HEUTE

GESCHRIEBENE WÖRTER GESAMT

HÖCHSTES *Tageswortziel* BISHER

Kaffee ☐ | ☐ Tee

WAS WAR DEIN HEUTIGER *Lieblingssatz*?

Imagination

SPONTAN NEUERFUNDENE CHARAKTERE:

GETÖTETE CHARAKTERE:

ÄNDERUNGEN IN DER GESCHICHTE:

VERZWEIFLUNGSANFÄLLE:

SCHREIBSTIMMUNG:

ÜBERARBEITETE SEITEN:

GRÖSSTER *Erfolg* | GRÖSSTE *Herausforderung*

Motivationskurve

WITZIGSTE RECHERCHEERGEBNISSE

Tag 366 von 366 Tagen

Projekt .... Genre .... Deadline ....

Geplante Wortzahl .... Geschriebene Wörter heute .... Geschriebene Wörter gesamt ....

HÖCHSTES **Tageswortziel** BISHER [ ]

Kaffee ☐ | ☐ Tee ☕ ☕ ☕ ☕ ☕ ☕ ☕ ☕

✓ WAS WAR DEIN HEUTIGER *Lieblingssatz*?

[   ]

Imagination

Spontan neuerfundene Charaktere: .... Getötete Charaktere: .... Änderungen in der Geschichte: ....

Verzweiflungsanfälle: .... Schreibstimmung: 😊 😄 🤩 🤢 😐 ○ ○ ○

Überarbeitete Seiten: .... 😨 😱 😟 😵 😠 😎 ○ ○

GRÖSSTER *Erfolg* | GRÖSSTE *Herausforderung*

[   ]   ↑ *Motivationskurve*

→

Witzigste Rechercheergebnisse

Mein Schreibrückblick im *Dezember*

Ende?

Am Ende wird alles gut.
Wenn es nicht gut wird,
ist es noch nicht das Ende.

Oscar Wilde

Du schreibst Deine Geschichten mit Herzblut? Du schreibst und durchlebst jedes einzelne Abenteuer mit Deinen Charakteren? Erlebst ihre Achterbahn der Gefühle als Deine eigenen? Du vergießt Blut und Wasser, nur um ihnen Leben einzuhauchen und sie zu etwas ganz besonderem zu machen?

Ein Buch zu schreiben ist viel Arbeit und um dir diese zu erleichtern, ist Writer's Soul ins Leben gerufen worden. Lass Dich für Deinen Schreibprozess motivieren und inspirieren.

Tu Dir selbst etwas Gutes und bereite Dir eine Freude!

Writer's Soul ist für alle TraumbändigerInnen, DrachenjägerInnen, FeenfängerInnen, MärchentänzerInnen, BuchstabenerklimmerInnen und WortkünstlerInnen.

Lass Dich verzaubern, überraschen, beschenken!

www.creativum-universum.de
www.facebook.de/writerssoul1